新媒体 · 新传播 · 新运营 系列丛书

和秋叶一起学

短视频与直播
电商实战

丛书主编／**秋叶**

同婉婷／主编

人民邮电出版社

北京

图书在版编目（CIP）数据

短视频与直播电商实战：慕课版 / 同婉婷主编. --
北京：人民邮电出版社，2022.12（2023.8重印）
（新媒体·新传播·新运营系列丛书）
ISBN 978-7-115-60307-4

Ⅰ. ①短… Ⅱ. ①同… Ⅲ. ①网络营销 Ⅳ.
①F713.365.2

中国版本图书馆CIP数据核字(2022)第200117号

内 容 提 要

本书主要讲解短视频与直播电商的理论与方法。全书共 8 章，第 1 章介绍了短视频与直播的行业概述、特点及两者的融合运营；第 2 章介绍了短视频的账号定位、选题策划、内容创作、账号运营技巧；第 3 章从直播运营的主流平台、直播间的"人、货、场"理论、不同行业直播的运营策略 3 个角度介绍了直播的策划与运营；第 4 章从店铺直播间引流短视频、"达人"直播间人设短视频、"带货"直播间"种草"短视频、活动直播宣传短视频 4 个角度介绍了直播间引流短视频的创作要点；第 5 章介绍了不同类型短视频账号的直播模式；第 6 章介绍了短视频与直播的推荐算法、引流短视频的自然推广策略和直播间的付费推广策略；第 7 章介绍了短视频与直播的数据分析与优化；第 8 章介绍了 3 个不同行业的短视频与直播的运营案例，通过案例展示了短视频与直播的整体运营思路与方法。

本书可作为高等院校市场营销类、企业管理类、商务贸易类、电子商务类等相关专业的新媒体营销课程的教材，也适合从事企业营销、新媒体营销工作的人员学习和参考。

◆ 主　　编　同婉婷
　　责任编辑　连震月
　　责任印制　王　郁　彭志环
◆ 人民邮电出版社出版发行　　北京市丰台区成寿寺路 11 号
　　邮编　100164　　电子邮件　315@ptpress.com.cn
　　网址　https://www.ptpress.com.cn
　　河北京平诚乾印刷有限公司印刷
◆ 开本：720×960　1/16
　　印张：13　　　　　　　　　2022 年 12 月第 1 版
　　字数：207 千字　　　　　　2023 年 8 月河北第 2 次印刷

定价：49.80 元

读者服务热线：(010)81055256　印装质量热线：(010)81055316
反盗版热线：(010)81055315
广告经营许可证：京东市监广登字 20170147 号

前　言

编写背景

党的二十大报告指出，加快发展数字经济，促进数字经济与实体经济深度融合，打造具有国际竞争力的数字产业集群。直播这一形式将是发展数字经济的有力支撑。近年来，直播已经成为诸多品牌、店铺"不布局即出局"的电子商务运营方式。然而，随着"开直播"的品牌、店铺越来越多，直播电商领域的竞争也变得日益激烈，运营者仅仅依靠"开直播"的方式也越来越难以实现电商目标。

其实，直播只是新媒体的一种形式，并不是新媒体的全部。每一种新媒体形式都有其独特的优势。要想在新媒体时代做好电子商务运营，运营者需要将多种合适的新媒体运营形式结合使用，如短视频与直播的融合运营，用短视频来聚集用户、为商品宣传、为主播打造人设、为直播间引流，用直播实现短视频的流量变现，使各自的优点互为补充，以实现"1＋1＞2"的效果。

为了更好地满足新媒体相关专业的学生和相关从业人员的学习需求，编者根据实际的短视频与直播运营经验，结合短视频与直播的电商理论与方法，编写了本书，希望能够将短视频与直播电商领域的知识和技能系统地呈现给读者。

本书特色

1．知识体系完整

全书共 8 章，具体内容包括短视频与直播概述、短视频的策划与运营、直播的策划与运营、直播间引流短视频的创作、不同类型短视频账号的直播模式、短视频与直播的推广、短视频与直播的数据分析与优化，以及短视频与直播的运营案例分析。本书根据实践需求进行理论知识的讲解，并将讲解重点放在实操技能上。无论是刚接触短视频与直播电商的新人，还是在这一领域从业多年的工作者，都能从本书中学到一定的短视频与直播电商实战技巧。

2．内容实操性强

本书定位于培养应用型人才，编者在新媒体运营、短视频创作与运营、直播运营实战中积累了大量实操经验，在保证本书理论介绍系统性的基础上兼顾实操性。

本书用通俗易懂的语言、图文并茂的形式，精准、简洁地讲解了短视频与直播电商的相关要点，具有很强的指导性。本书在介绍诸多理论与方法时穿插了案例分析，旨在帮助读者更好地学习短视频与直播电商的方法，学会独立处理短视频与直播电商的相关问题。

3．注重思考练习

本书精心设计了"思考与练习"，旨在引导读者对所学知识进行回顾和总结，真正掌握所学知识，从而学以致用。

4．配套慕课视频

本书附有慕课视频资源，读者可以扫描封面二维码随时随地观看视频，学习短视频与直播电商的知识和技能。

教学建议

本书适合作为高等院校新媒体营销相关课程的教材，如果选用本书作为教材，建议学时为 32～48 学时。

编者情况

本书由深圳职业技术学院的同婉婷老师担任主编。由于编者水平有限，书中不足和疏漏之处在所难免，欢迎广大读者批评指正。

编者
2023 年 7 月

目　　录

第1章
短视频与直播概述

【学习目标】
➢ 了解短视频行业。
➢ 了解直播行业。
➢ 了解短视频的特点。
➢ 了解直播的特点。
➢ 了解短视频与直播融合运营的要点。

短视频与直播原本是两种单独的新媒体运营方式，各有优势，也各有不足，而两者融合运营，则可相互取长补短。本章将先分别介绍短视频行业与直播行业，再介绍短视频与直播各自的特点，从而说明短视频与直播融合运营已成为趋势，最后简述短视频与直播融合运营的要点。

1.1 短视频行业与直播行业概述

短视频与直播是两个独立的行业，有不同的行业特点，有不同的商业模式。

▶▶▶ 1.1.1 短视频行业概述

2021 年 8 月 27 日，中国互联网络信息中心（China Internet Network Information Center，CNNIC）发布的第 48 次《中国互联网络发展状况统计

报告》指出，截至 2021 年 6 月，中国短视频用户规模达 8.88 亿，占网络用户整体的 87.8%。

从 2012 年到 2022 年，短视频行业经历了从探索到爆发再到成熟的转变，短视频内容范围几乎涵盖社会生活的各个方面，用户观看短视频的时间越来越长，基于短视频的内容营销也成为各行业大小商家进行新媒体营销的重要方式。

1. 短视频简介

短视频是指在各种新媒体平台上播放的视频内容，短视频的时长比较短，从几秒到几分钟不等，内容丰富多样，涉及热点、幽默、技能、时尚、生活、公益、创意等主题。用户观看短视频后，平台会自动推送用户可能感兴趣的内容，以满足用户在移动状态和短时休闲状态下的观看需求。

短视频起源于微电影。2011 年前后，《老男孩》《父亲》等微电影上线，引起了热烈反响。这类自制的小成本微电影推动了短视频制作的大众化，激发了普通人自主制作短视频的热情，为短视频行业的发展打下了基础。

然而，短视频与微电影有明显的差异。相较于微电影，短视频制作门槛更低，不必围绕特定的主题进行艺术化的表达，也不需要拥有很高的团队配置，不管是内容策划还是拍摄剪辑，流程都比较简单。

虽然短视频的制作门槛比较低，但短视频的输出要求比较高。在任何一个短视频平台上，一个短视频账号要想获得诸多用户的关注，既需要稳定且高频率地输出内容，还需要尽可能输出趣味化的高品质内容。因此，制作优质的短视频，虽然对短视频拍摄工作和剪辑工作的要求不高，但是对短视频创作者的文案能力和策划能力有较高的要求。

2. 短视频行业的价值链

了解行业价值链可以让从业者清楚自己在行业价值链中的位置，从行业角度、战略的高度看待自己与合作者的关系，整合各种资源，提升自己的竞争力。

短视频行业是一个以内容为中心的行业。短视频行业的价值链包含 4 个环节：内容生成、内容分发、内容消费和内容变现。

（1）内容生成

内容生成即内容创作。在短视频行业，内容生成是指短视频创作者创作短视频。短视频创作者的价值，决定了短视频整个行业的商业价值。

2016 年，短视频创作者 papi 酱的短视频账号被估值 1 亿元，papi 酱也因此被称为"2016 年短视频领域的'第一网红'"。正因为短视频创作者具有的商业价值，短视频行业的价值链才初步形成，短视频行业进入爆发期。

内容生成可以分为专业生成内容（ Professional Generated Content，PGC ）和用户生成内容（ User Generated Content，UGC ）两种。报刊的文章、广播的音频、电视的视频等都是由专业人士制作的内容，因而称为 PGC。与 PGC 对应的是 UGC，即用户自己制作的文章、音频和视频等内容。

目前，流行的短视频平台，如抖音、快手等，在内容生成上都定位于人人都能创作内容、发布内容的 UGC 模式。同时，这些短视频平台也一直在通过各种条件吸引专业程度高的短视频创作者制作并发布 PGC 作品。也正因为如此，当前主流的短视频平台既有 UGC 作品，也有 PGC 作品。

在短视频平台，PGC 作品和 UGC 作品的区别并不在于短视频创作者是谁，而在于短视频创作者的专业程度。普通的短视频创作者如果要创作专业程度高的内容，其内容输出的频率可能会降低，输出数量会减少；而如果经常创作不太专业的内容，就会导致内容质量参差不齐。

限制短视频创作者输出优质内容的主要因素有两个，一是短视频创作者的专业能力不足，二是短视频创作团队的人数不足。相对于后者来说，前者更容易通过工具进行弥补。例如，美图秀秀让很多不具备专业修图技能的短视频创作者变成了摄影师和修图师，剪映让很多专业剪辑技能欠缺的人成了视频剪辑专家。而在抖音，短视频创作者完全可以用平台提供的大量背景音乐、剪裁工具、文字、贴纸、特效、滤镜、自动字幕等工具（见图 1-1），来快速完成短视频的制作和发布。

（2）内容分发

在短视频行业，内容分发主要由短视频平台完成。短视频平台是连接短视频创作者、用户和品牌商的关键环节。

就目前的短视频行业而言，虽然平台之间的竞争格局已经基本确定，但是短视频平台之间仍然处于激烈竞争的状态。而平台竞争的主要方面，也从平台的用户规模转变为用户的使用时长，但打造平台核心竞争力的落脚点，依然是优质内容。

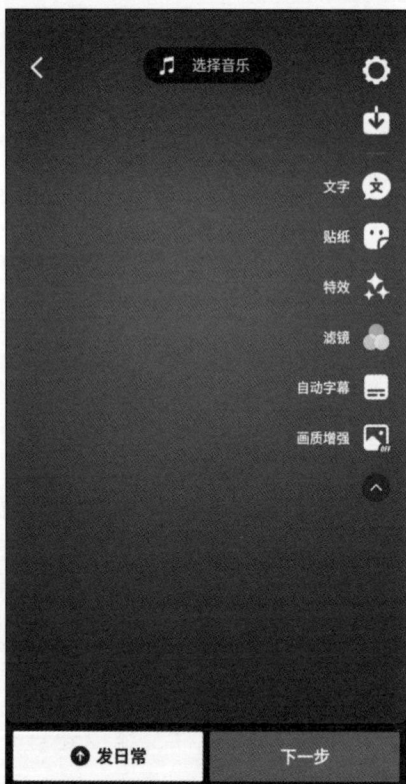

图 1-1　抖音内置的短视频制作工具

一方面短视频平台需要为短视频创作者提供便捷的创作工具和良好的创作氛围，搭建通畅的内容变现路径，从而尽可能多地留住短视频创作者，并让短视频创作者尽可能高频率地输出优质内容；另一方面平台也需要通过技术的合理应用为用户推荐与其兴趣匹配的短视频内容，完善社交功能，增强用户对短视频平台的黏性等；以外还需要对内容变现者（即品牌商）提供精准的用户画像、具有吸引力的商品展现方式，以提高品牌商的广告转化率，留住品牌商，提升短视频平台的商业价值。

短视频平台虽然希望吸引一些拥有专业创作能力的短视频创作者入驻，但也会通过一些激励手段鼓励普通创作者创作出更多更优质的内容。因此，在每一个短视频平台，普通创作者创作的短视频内容往往也能登上平台的热点榜，呈现在数千万甚至上亿用户面前。这就是去中心化、基于用户兴趣的内容分发机制。在这种内容分发机制下，每一个内容获得的流量不再由短视频创作者过去的成就决定，而是由内容本身的吸引力决定。这让所有短视频创作者都站在同一起跑线上，所有人创作的短视频内容都有成为热门内容的机会。短视频创作者创作的内容只要足够优质，就能够引发用户的情感共鸣，引发用户的点赞、转发，就能成为流量的中心。

（3）内容消费

内容消费是指短视频平台用户观看短视频的行为。观看短视频的用户就是短视频的内容消费者。在短视频行业中，用户选择短视频平台，也选择短视频内容。

用户在选择短视频平台时，首先关注平台上短视频的内容质量和内容多样性，其次关注短视频平台的整体口碑和界面的舒适性。因此，有优质内容的短视频平台，其用户规模更大，黏性更强。这也激励短视频平台一直积极地吸引优秀的短视频创作者入驻平台，并通过个性化的内容分发机制为每一位用户提供他们可能感兴趣的优质内容。

用户对短视频平台而言非常重要，短视频平台的很多行为也是基于留住用户这一目标设计的。

用户的观看习惯是会改变的。初期凭借"蹭"热点、二次搬运获得流量的内容创作方式使短视频内容同质化严重，用户在观看时难免产生审美疲劳，从而渐渐主动屏蔽低质量、同质化的内容，甚至退出平台。因此，平台为了留住用户，一再鼓励短视频创作者创作优质的原创内容，并为优质内容提供更多曝光机会。

除了激励短视频创作者输出更多优质内容外，快手、抖音等短视频平台也会定期或不定期地使用积分激励、红包激励等手段吸引用户观看短视频。例如，用户在快手观看短视频时，会看到红包提示，如图1-2所示。用户观看一定时长的短视频后，就可以通过点击红包链接领取积分、兑换现金红包。

（4）内容变现

内容变现是指品牌商借助短视频的传播实现品牌价值的传播，直接或者间接地带动商品销售。

对于品牌商而言，内容变现有两种方式：自创内容传播变现和合作内容传播变现。

自创内容传播变现，即品牌商直接入驻短视频平台，创建基于品牌的短视频账号，定期输出能够强化品牌影响力的短视频内容。换言之，品牌商自己创作并传播短视频内容，让品牌的短视频账号成为"网红"账号，从而增强品牌影响力。

图 1-2　快手给用户的红包激励

合作内容传播变现，即品牌商发布付费合作任务，短视频创作者制作含有品牌广告的短视频，品牌商借助短视频创作者的影响力来实现品牌的传播和变现。与品牌商合作的短视频创作者可以通过创作指定主题的短视频内容，获得品牌商提供的任务奖金。例如，在抖音，短视频创作者通过"创作者服务中心"—"任务中心"（见图 1-3），找到品牌商发布的任务，按照任务要求创作并传播短视频，即可获得奖金。

合作内容传播变现是借助一个短视频平台上的所有短视频创作者的力量实现快速的、大范围的品牌传播。而自创内容传播变现则更容易让用户感到品牌商与自己站在一起，从而在不知不觉中影响用户对品牌的认知。因此，近一年来，很多品牌商纷纷自建短视频创作团队，在抖音、快手等短视频平台开设账号，并坚持以较高的频率稳定输出优质的短视频内容。

图 1-3 抖音的"任务中心"

▶▶▶ 1.1.2 直播行业概述

如今，人们在说到直播的时候，如"看直播""开直播"，并不是泛指整个直播行业中所有内容的直播，而是特指加入"带货"元素、偏向营销的直播。本书所说的直播，也是指有直接"带货"功能或者间接"带货"功能的直播。

直播"带货"对很多人来说已经不陌生了。2020 年号称直播"带货"元年，不但电商平台走进了直播领域，开启了直播"带货"功能，抖音、快手等短视频平台也在抢占直播"带货"的市场。短视频平台通过一系列流量扶持措施鼓励个人用户、品牌商在平台直播"带货"。如今，越来越多的用户正在通过直播间购买商品。

1. 直播简介

当下常说的直播是指网络直播，也叫互联网直播，是指用户（主播）在

PC 端或移动端安装直播软件后，利用摄像头对某个事物、事件或场景进行实时记录，并在直播平台上实时呈现，同时，其他用户可以直接观看直播内容，并与主播进行实时互动。

相较于过去静态的图文内容，直播主要以动态的视频形式向用户传递信息，表现形式更加立体化，且能实现实时互动，更容易吸引用户的注意力，因而得到了迅速发展。

网络速度和硬件水平是影响直播行业发展的主要因素。受这两个因素的制约，早期的直播仅仅是以文化娱乐为主的"秀场"直播。随着计算机硬件的发展，用户可以打开计算机进行多线操作，"一边听语音直播，一边玩游戏"的娱乐形式开始出现，游戏直播开始兴起。后来，随着智能手机硬件的不断升级，移动互联网逐步提速降费，用户进入全民移动端直播时代。此时，直播拥有的流量特征、社交特征、媒体特征、场景化特征、实时互动特征也都一一呈现出来，直播的营销价值日益凸显。

2016 年，直播"带货"开始起步并进入发展期。同年 3 月，一款专注时尚女性消费的软件蘑菇街上线了直播功能，随后其发现了用户在直播间购物的需求，便迅速在直播间增加了购物袋功能，率先实现了"让用户一边观看直播一边购物"的"直播＋带货"模式。这一模式很快成为蘑菇街的新盈利点，使企业的营收有了明显的提升。此后，蘑菇街把企业的管理重心转移到了直播业务上，从而在直播"带货"领域占据领先优势。

同年，淘宝正式上线直播功能，随后其他电商平台也纷纷开通直播功能。在淘宝开通直播功能几个月后，入驻淘宝的一位主播在一场直播中实现了上亿元的成交额，引发了热烈讨论。之后，淘宝和京东相继推出了直播"达人"扶持计划，为平台直播业务的发展投入了大量的资金。

2017 年，淘宝直播和天猫直播合并，阿里巴巴开始加速发展直播"带货"业务。同一时间，快手也推出了具有平台保障的直播"带货"模式，实现了快速挖掘平台用户消费潜力的目的。在随后的 2018 年和 2019 年，淘宝和快手通过直播"带货"达成的交易金额都实现了快速增长。

2020 年年初，直播"带货"以全民参与的形式出现在大众面前。这一次，从商场里的售货员到企业的管理者，很多普通人都走进直播间，进行直播"带货"。同年的 7 月 6 日，互联网营销师正式成为国家认证的职业，这为"带货"

主播提供了职业化发展道路，同时也为直播"带货"的市场化和规范化提供了保障，使直播"带货"获得了持续发展的基础。

2021 年，随着各个平台对直播"带货"业务的持续投入，用户通过直播购物的习惯逐渐养成，直播"带货"的商业模式也渐渐成型，直播"带货"呈现爆发式的成长状态，成为品牌商和用户都熟悉的新媒体商业形式。

2．直播行业的产业链

直播行业是以"带货"为核心目标的行业。直播行业的产业链包含 4 个环节：直播平台、主播、直播用户和品牌商。

（1）直播平台

直播平台为直播"带货"活动提供了内容输入和输出的渠道，是直播产业链中不可或缺的环节。目前，用户规模最大的 3 个直播平台分别是抖音直播、快手直播和淘宝直播。

抖音是一款音乐创意类短视频社交软件，以音乐创意表演内容打开市场，积累了大量的用户。抖音先通过短视频业务获取巨大的流量，然后在 2017 年年底正式上线直播功能。基于庞大的用户基础，抖音直播在直播行业占据着头部位置。

和抖音一样，快手也是先通过短视频业务打开市场，在积累了大量的用户后，于 2016 年开通了直播功能。随后快手积极探索新的盈利模式，在探索直播和电商的道路上走在了行业的前列。快手与抖音虽然是竞争对手，但用户群体略有不同，这也让快手直播的营销价值与抖音直播的营销价值有所差异。

淘宝直播是阿里巴巴基于自身电商资源推出的直播平台，定位于消费类直播。淘宝直播涵盖的商品范围广且用户购买方便。淘宝直播于 2016 年 3 月试运营，5 月正式上线，初期只是手机淘宝的一个板块，依附于淘宝得到了大量的商家、供应链资源和规模庞大的用户群体。2019 年春节期间，淘宝直播正式上线独立 App，2021 年 1 月升级后更名为"点淘"。

相对来说，抖音直播和快手直播都是凭借优质的短视频内容来获得用户规模和平台知名度，本身可以凭借优质内容激发用户观看直播的兴趣并逐渐强化用户对直播间的信任；而淘宝直播虽然内容资源较差，但由于品牌和商品的供应链资源丰富，在直播"带货"领域也创造了不菲的成绩。

（2）主播

主播是决定一场直播"带货"效果的关键因素。知名度高的主播往往自带流量，具备较大的营销潜力。

不过，在一场直播中，优秀主播的考评依据并不仅在于其知名度或者粉丝量，还在于主播是否充分了解用户需求，能否根据用户的需求选出好物，能否与品牌商进行议价并为用户争取有吸引力的福利，能否通过直观的讲解降低用户的消费决策成本并节省用户选购的时间。

直播活动并不是主播独自在镜头前讲解商品即可完成，而是需要一个直播团队为其出谋划策并做好运营支撑，这样主播才能按照计划在镜头前进行直播。一个直播团队所需的人才岗位配置如表 1-1 所示。

表 1-1 直播团队所需的人才岗位配置

人才岗位	职能分工
主播	熟悉商品，熟悉直播语言技巧，在直播间介绍促销活动及展示商品、为用户答疑，负责直播间的氛围引导，对直播内容进行复盘总结等
助理	在直播间引导用户关注账号、加入粉丝群、参与抽奖，为用户进行商品购买引导、红包领取引导，配合主播直播，提醒主播关键事宜，为主播传递样品等
客服	在直播平台回复商品相关咨询，提供商品的售后服务，与用户进行商品的物流信息沟通等
编导	研究竞品账号，策划主播人设，策划商品介绍节奏，策划及撰写直播语言，负责直播前的沟通和协调，监测直播效果，对直播内容进行复盘总结等
场控	调试直播设备，负责直播间商品的上架及下架、直播间数据监测，为直播间主播和其他人员进行临时信息传递，提醒主播相关注意事项等
运营	研究直播平台运营规则、活动规则，策划直播间的促销活动，负责商品文案撰写、直播间数据监测、直播间推广、直播间数据分析与总结等
选品	收集与分析用户需求，招募品牌商和供应商，进行商品选择、价格谈判，设定直播间商品的销售价格和优惠策略，维护与供货商的关系，协助处理售后事务等

可见，直播团队的工作不仅是在直播间推荐和销售商品，还包括主播人

设的打造和维护、直播间的推广、直播间的用户分析和用户互动、直播间的选品和商品定价、直播间商品的售后和物流追踪等方面。

（3）直播用户

直播用户是指进入直播间观看直播的用户。中国互联网络信息中心2022年2月发布的第49次《中国互联网络发展状况统计报告》显示，截至2021年12月，我国网络直播用户规模达7.03亿，其中，电商直播用户规模为4.64亿，约占直播用户整体的66%。

在一场直播中，用户的规模和行为决定了直播间的热度、主播和直播间的商业价值，也决定了一场直播的成败。从某种程度上来说，不管是直播平台、主播团队还是品牌商，都是靠直播用户来增强自身竞争力的。甚至，主播在直播间给出的低价、福利，在很大程度上也是依靠直播用户得到的。

因此，直播行业发展到现在，有能力自建直播团队的品牌商会更倾向于在用户聚集的平台建立自己的直播账号。品牌商自己参与直播间的运营及直播用户运营，在控制销售渠道的同时，可以为直播用户提供更有吸引力的价格和更好的品牌服务。

（4）品牌商

在2020年的直播"带货"中，大部分的品牌商需要与知名主播合作，才能获得不错的直播销售成绩，但在这样的合作中，品牌商往往需要支付高昂的"坑位费"，承诺提供有吸引力的合作条件，才能获得与知名主播合作的机会。

在2021年，随着用户对直播"带货"模式的了解，很多品牌商自建了直播团队进行直播"带货"，还有一些品牌商直接高薪聘用有丰富直播经验和大量粉丝的主播加入品牌的直播团队。

品牌商自建团队运营直播间，意味着直播"带货"对"达人"主播的依赖程度在逐渐降低。这并不难理解，很多用户进入"达人"主播的直播间购买商品，是因为他们认为"达人"主播直播间的价格更低。当品牌商自己的直播间所给出的商品优惠幅度与"达人"直播间相差无几时，用户就会更加倾向于在品牌直播间直接购买，"达人"主播的影响力就会面临一定挑战。

从行业的生命周期角度来看，目前短视频行业正处于成熟期，直播行业则处于高速成长期。直播行业虽然已经发展出以"带货"为主要盈利模式的商业变现模式，但这种模式距离成熟还有一段距离，行业还有很大的成长空间。

1.2 短视频与直播的特点

短视频与直播是两种不同的新媒体内容营销方式，两者各有优势，也都有不足。

>>> 1.2.1 短视频的特点

短视频是继文字、图片、传统视频之后一种新兴的内容传播形式。它融合了文字、语音和视频，可以更加直观、立体地满足用户的表达与沟通需求，满足用户展示与分享的诉求。相较于传统视频、微电影，短视频主要有以下几个特点。

1. 短小精悍，更容易抓住用户注意力

随着短视频行业的发展，短视频创作者越来越多，短视频内容也越来越丰富，用户对短视频内容也越来越挑剔。只有短小精悍的短视频，才更容易抓住用户的注意力。而为了迎合用户的观看心理，短视频需要对时长有所控制，去掉冗长的部分而突出亮点内容，甚至要求前 3 秒就展示痛点、趣点，以快速抓住用户的注意力。这些内容层面的要求意味着短视频内容已经将"短小精悍"这一特点发挥到极致。

例如，抖音上一条点赞量超过 24 万的短视频，在刚开始即展示"浪漫的海岛旅行""月薪 3000 元就能打卡""人均 500 元的攻略"等普通用户感兴趣的亮点信息，同时配上精美的风景画面，如图 1-4 所示，让用户在不知不觉中观看完毕并点赞。

而且，与传统图文相比，短视频是集视频与音乐于一体的内容，更加有趣多彩，能够给用户带来更加直观的视觉感受，因而更容易吸引用户频繁地利用碎片时间观看。

图 1-4　在刚开始展示亮点信息的短视频

2. 创作门槛低，更容易吸引普通用户参与创作

通常情况下，短视频创作者仅用一部手机就能完成短视频的拍摄、剪辑和发布，这种"即拍即剪即传"的传播方式，降低了短视频的创作门槛，使很多普通人也能够成为短视频创作者。

例如，抖音的短视频创作者"Rose"是一位来自乌干达的女子，在中国生活多年。她创作的短视频主要展示的是自己在乡村平静、朴实的日常生活，并配上自己做中国美食的片段，传递出勤恳劳作的踏实感、认真生活的充实感、与邻里和睦相处的温馨感，吸引了很多用户观看（见图 1-5）。截至 2022 年 4 月，她在抖音共发布了 198 条短视频作品，收获了约 717 万名粉丝。

正是由于聚集了有不同生活经历的普通创作者，短视频平台上的内容才得以包罗万象。在主流的短视频平台，用户既可以看到不同地区普通人的日常生活，又可以看到专业人士的精彩表演，也可以看到各个地方关注度较高的新闻，还可以看到诸多专业领域的专业观点表达，这让不同成长环境、不同教育背景、不同性格的用户都能找到自己感兴趣的内容。这也是短视频用户逐年增多、观看时长逐年增长的原因。

图 1-5　展示乡村生活的短视频

3. 社交属性强，更有利于内容的生产和传播

短视频并非时长缩短的视频，而是一种双向的社交媒体，更有利于内容的生产和传播，具体表现在以下 3 个方面。

（1）短视频创作者和用户的双向互动，实现内容的生产和传播。短视频创作者和用户之间并不是单向的传递模式，而是双向的交谈模式。短视频创作者根据用户的喜好创作内容，用户则通过点赞、转发、评论或"不感兴趣"来表达自己对内容的直观评价、对创作者的态度，而这个双向交谈过程，也是信息产生和观点生成的过程。

（2）短视频用户的跨平台分享，形成突破社交圈的裂变式传播。对于任何一个用户来说，无论是自己创作的短视频，还是在短视频平台上看到的其他人创作的短视频，如果觉得有分享的价值，用户都可快速将其转发至社交平台或者直接转发给亲朋好友进行分享。每个人都有自己的社交圈，且人和人所在的社交圈是不一样的，因此，一条短视频通过用户的转发、推荐，会突破短视频创作者所在的社交圈限制，被更多社交圈的用户看到，从而形成裂变式传播。

（3）短视频用户以观点会友，获得身份认同和情感支持。短视频平台往往有点赞、评论、分享等功能，不管是短视频创作者还是观看短视频的用户，大家都可以在短视频平台上与其他用户就短视频的内容进行评论，满足自我表达、信息分享和观点交流的社交需求。不管是短视频的观点还是评论中的观点，都可能获得他人的点赞和转发，让观点表达者获得被认同、被支持的满足感，从而更愿意表达自己独创的、能够获得更多人认可的观点。

4. 内容限制少，更有助于创作者成为关键意见领袖

互联网文化的一大特征是表达个性。越来越多的人愿意在互联网上分享日常生活和专业技能，并乐在其中。短视频正好为这群人提供了展示自我的机会。许多短视频创作者在自己擅长的领域成为关键意见领袖（Key Opinion Leader，KOL），拥有一批忠实粉丝，并通过直接"带货"或间接"带货"实现自身的商业价值。例如，大众熟知的短视频创作者"papi酱""李子柒""多余和毛毛姐"等。

短视频行业能够快速打造 KOL 的特点，让短视频成为触发粉丝经济的利器，短视频也因此拥有营销价值。各行业的品牌商正是看到了短视频的这种商业价值，才开始积极布局短视频业务，让短视频成为自身的一种新媒体营销手段。反过来，这也为短视频行业持续蓬勃发展奠定了基础。

5. 用户流动性强，不宜营销过多

从用户角度来看，观看短视频是一种休闲方式。短视频时长较短，制作门槛低，内容丰富，这也意味着，短视频用户的流动性很强。观看短视频的用户，可以随时随地为一个有趣的内容点赞，也可以随时随地针对一个不太喜欢的内容选择"不感兴趣"。一旦用户选择"不感兴趣"，该短视频可能就不容易再被推荐给这个用户甚至这类用户。

让用户选择"不感兴趣"的一个主要原因就是短视频植入广告。相关数据显示，70%的用户不愿意在短视频广告上停留超过10秒。

这也意味着，短视频虽然可以凭借用户的喜欢而在短时间内进行大范围传播，在"引流""涨粉"和用户留存上发挥很好的作用，但是，如果短视频账号发布的短视频经常植入广告，用户一般就会对账号失望，从而选择"取关"账号甚至屏蔽账号。

因此，短视频虽然已经成为当下人们开展内容创业的热门方式，但如何用短视频实现内容变现，依然是一个不容易解决的问题。

▶▶▶ 1.2.2　直播的特点

直播得以崛起的关键原因在于其营销价值，也就是目前流行的直播"带货"、直播电商所展现的价值。基于这样的价值，直播具有以下几个特点。

1. 直播间为用户提供更优质的购物体验

传统电商的商品介绍主要依靠图文详情页，即使页面中配有视频，其多半也只能起到宣传的作用。用户想要了解清楚商品的信息，必须翻阅图文详情页。然而，对于那些功能和用法比较复杂的商品，篇幅有限的图文详情页只能做到突出商品的亮点，而不能将功能和用法一一解释清楚。用户如果想要具体了解商品的某个功能或者用法，只能与在线客服沟通。

而直播打破了图文详情页的局限。在直播间，用户可以在评论区进行提问，主播看到提问后可以进行详细讲解，让用户即时获得自己需要的信息，方便用户做出判断。并且，对于操作性较强的商品，主播可以在直播间进行操作演示并讲解使用方法（见图1-6），展示使用效果，帮助用户更加直观地了解商品，引导用户下单购买。

2. 用户观看直播也是一种娱乐

早期的直播之所以能被很多用户观看，是因为其内容具备娱乐属性。直播演变至今，不管是哪一种直播类型、什么样的直播主题或直播目的，依然具备娱乐属性。直播"带货"也不仅仅是纯粹的商品导购，而是将商品导购、内容互动、娱乐体验相结合的一种体验丰富的内容营销模式。因此，在直播间，尽管促成交易是最终目的，但主播在介绍商品时还需要添加剧情表演、幽默对话、抽奖送福利等趣味要素，以增强用户的娱乐体验。从用户的角度来看，用户在直播间停留，一方面是为了更全面地了解商品、购买自己所需要的商品，另一方面则是满足自身的娱乐需求。

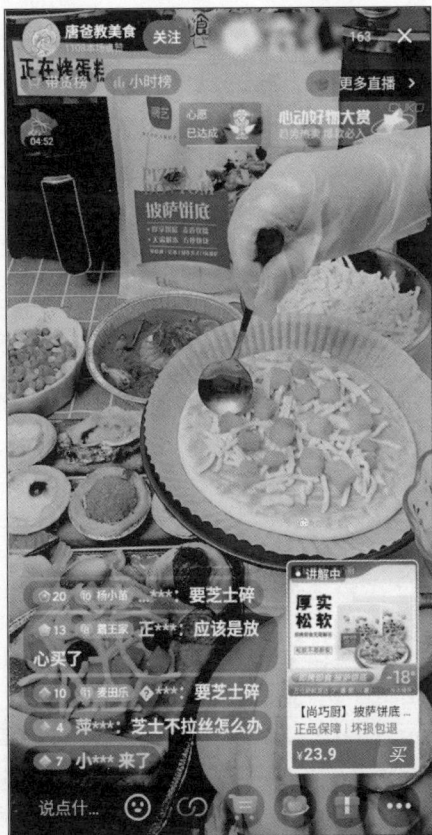

图 1-6　在直播间讲解食材的使用方法

3．直播间的氛围提高了商品的转化率

在直播间，主播及其团队会有计划地派发红包，让用户看到具体的、可见的利益，调动用户的互动情绪；也会鼓励用户通过弹幕对商品提出疑问或发表看法，并积极回应用户的问题，适时为用户推荐合适的商品，让用户感觉到主播及其团队的热情和诚恳；还会不断地用"低价""抢光了"等字眼打造有紧迫感的销售氛围，刺激观看的用户快速下单。

4．直播电商具有传统电商不具备的情感属性

用户通过传统电商渠道购物时，接触到的往往只有统一设定的图文详情页和使用统一话术的商家客服，基本不会与商家进行互动，不会与商家建立情感联系。而在直播间，主播用明确的言语、表情向进入直播间的用户表示欢迎，引导用户关注和点赞，鼓励用户提出问题，积极且耐心地回答用户的

问题，诚恳地感谢用户关注、点赞和购买，给用户发放优惠券，为直播间的用户抽奖发福利等（见图 1-7），这些都可以有效拉近主播与用户之间的距离，形成一种有情感基础的信任关系，将"因需求消费"转变为"为喜爱消费""为信任消费"。正是基于这样的情感属性，一些主播在介绍完商品后，只需要喊一喊用户的昵称，就可以引发用户的下单。

图 1-7　直播间内主播与用户的互动

5. 新品牌借助主播的可信度提高了进入市场的效率与成功率

　　一个新品牌想要在传统电商渠道快速获得知名度并不容易，因为大多数用户觉得选择陌生品牌意味着要承担不确定的风险。而在直播间，主播由于已经和直播间的用户建立了一定的信任关系，往往可以成功地将新品牌推广出去。从用户角度看，用户是相信主播，才购买了主播推荐的商品。当获得主播在介绍商品做出的承诺时，用户就会相信主播已经充分了解了商品，并承担了商品品质的风险，自己可以放心消费。从品牌商角度看，其通过支付主播一定的销售佣金，就可以利用主播的影响力迅速提高品牌的知名度、可信度和商品销量，快速抢占市场。

6. 减少流通环节，为用户争取更大的优惠

　　品牌商在自建的直播间销售商品，相当于"没有中间商赚取差价"，可以给用户一个相对较低的商品价格，用户自然也更愿意在品牌商自建直播间购买商品。

　　而在"达人"直播间，主播及其团队为了获得粉丝的关注、获得竞争优势，往往会选择从供应链的上游拿货，减少流通环节，尽可能节省商品的流

通成本，以便在直播间兑现"低价"的促销卖点。同时，对于"达人"直播间来说，由于销量较大，其团队往往可以凭借自身强大的"带货"能力与上游供应商谈成一个更低的合作价格。这就意味着，"达人"直播间的用户可以用更优惠的价格购买心仪的商品；而对主播来说，团队拥有更强的谈判能力，掌握供应链上游信息，可以进一步增强自身的吸引力。

7. 营销功能强，不利于积累私域流量

从用户的角度来看，直播间更像一个大卖场。谁的价格更低，谁的品类更多，谁就更容易吸引用户，得到用户的一时注意。然而，很少有用户能够一直蹲守在直播间看完直播，再精彩的直播也不容易长时间留住用户。即使是用户最喜欢的直播间，用户在看完自己想要观看的内容后，如听完某段知识，或者看完商品介绍，或者购买了某款商品后，可能就会离开直播间，关注其他更有趣的内容。而对于观看体验不好的直播间，用户会毫不犹豫地取消关注主播甚至屏蔽主播，即使需要购买一款商品，也会转去别的直播间甚至通过别的渠道购买。

这意味着，直播间即使商品销量很高，但要拥有强黏性用户、积累自己的私域流量也并不容易。要想维持"达人"主播或者品牌直播间的变现能力，"达人"主播或者品牌商就需要关注账号的普通粉丝和多次回购的黏性粉丝，而这就不是单一的直播运营所能实现的了。

1.3 短视频与直播的融合运营

短视频与直播各有特点，但也各有不足。直播比短视频拥有更强的互动性和社交性，在商品展示、使用效果展示及与用户互动方面极具优势，可以让用户更直观地了解商品，从而促成直播活动的商业变现。而短视频虽然在商业变现上不太容易，但在流量运营方面拥有直播难以比拟的优势。短视频可以用丰富、有趣且传播速度快的内容为直播间引流，塑造主播人设，增强用户对主播、对直播间的印象和好感，让用户成为主播、直播间的粉丝等等。简而言之，短视频可以弥补直播在内容单一、不易"圈粉"等方面的不足，而直播可以弥补短视频在流量变现方面的不足。短视频适合打造品牌、打造影响力，直播则可以用于品牌变现、影响力变现。两者融合运营，正好可以

构建一个品牌打造与品牌营销的闭环。

短视频与直播的融合运营主要体现在以下 3 个方面。

▶▶▶ 1.3.1　运营行为的融合

随着短视频与直播的结合日益紧密，抖音、快手、视频号等短视频平台先后开通了直播功能、店铺功能，为平台上的短视频创作者、直播主播、品牌商通过直播"带货"实现商业变现提供支持。

当短视频平台逐渐将自己的业务模块扩展到直播模块、电商模块时，短视频的运营模式也随之发生了变化，从纯粹的短视频内容运营延伸到直播运营、电商运营，短视频的用户也从短视频的观看者，逐渐转变为直播间的观众和直播间商品的消费者。由此，短视频与直播的融合运营也从各自独立的单一运营转变为以用户为中心的集引流、留存与转化于一体的体系化运营。

短视频与直播的体系化运营与单独的短视频运营或者单独的直播运营不同，虽然短视频账号和直播账号各有运作团队，各有职责，但由于两者的运营目标一致，两者在运营行为上也需要互相配合。

1. 短视频为主播打造人设

直播间的主播需要有鲜明有趣的人设。没有人设的主播和直播间，往往没有记忆点，不容易被用户记住。没有人设的主播即使勤于直播，直播间的在线率和转化率也多是不尽如人意的；即使付费推广，也会因为投放的领域人群不精准而无法提高转化率。

人设的形成、粉丝的积累需要建立在"有趣"的情感连接上。直播间的主播由于在直播"带货"时的"销售员"属性太明显，不容易让用户觉得"此人有趣"。而短视频却可以凭借丰富多彩的内容为主播打造有趣的人设。因此，有的团队直播"带货"，并不是注册账号后立即就开始直播，而是先发布真人出镜的短视频，一边积累账号的粉丝量，一边打造出镜人员（未来的直播间主播）的人设。在出镜人员拥有一定的粉丝后，再让出镜人员转为主播，进行直播"带货"。有了这样的粉丝积累，主播开始直播时就可以在冷启动期轻松获得流量。

2. 直播帮助短视频实现流量变现

如今的短视频用户可能越来越不喜欢在短视频中看到广告，对广告也越来越敏感。用户如果在观看短视频时看到画面中特意展示了某个商品，即使商品与短视频的融合度很高，用户也非常喜欢观看这一类短视频，但还是可能会在这条短视频下留言："博主（即短视频创作者）就是'带货'的"。这样的留言会让很多用户对短视频创作者的创作初心产生怀疑，也会导致一些用户"取关"账号。换言之，普通人通过短视频"带货"实现流量变现越来越难，而直播却可以解决这一流量变现问题。

即使是同一个用户，其面对短视频"带货"和直播"带货"的态度也是不一样的。用户可能不太容易接受有趣的短视频账号经常发广告，成为"带货"短视频账号；却可以理解一个人开直播的初衷就是"带货"赚钱，甚至会觉得一个直播间没有商品推荐有些奇怪。

因此，在短视频与直播的体系化运营下，短视频可以用来建立信任、打造人设、分享好用的商品，甚至塑造品牌，但不宜用来做直接营销，甚至间接营销也应少做；而直播可以直接用来进行目的性极强的商品销售活动。

3. 短视频与直播跨平台的运营行为融合

短视频与直播运营行为的融合，并不仅仅是指同一个平台的短视频运营行为与直播运营行为的融合，还包括跨平台的运营行为融合。

短视频可以为直播间引流，在直播之前，直播运营者可以将直播预告或者上期直播片段做成短视频投放在合适的短视频平台，吸引平台用户了解直播信息，引导用户到直播间观看直播。在这个过程中，短视频可以发布在直播平台，也可以跨平台、多平台发布。

例如，直播运营者计划在抖音直播，那么，除了可以在抖音发布引流短视频之外，还可以在快手、视频号、微博、哔哩哔哩（以下简称"B 站"）、小红书等拥有巨大流量的平台投放引流短视频。这些平台各有特点，用户偏好也各有不同，直播运营者可以根据直播间的目标用户来选择合适的短视频发布平台，通过短视频的精准展现吸引目标用户进入直播间，提高直播间的观看量、销售转化率。

▶▶▶ 1.3.2　资源的融合

如果将短视频与直播分别看成新媒体营销产业链上互有联系的两个相邻环节，如从营销价值层面来看，短视频用于"种草"，直播用于"拔草"，那么短视频与直播的融合，就是新媒体营销产业链上两个环节的融合。产业链融合的关键在于产业链中端拥有大量的潜在用户，产业链下端拥有潜力巨大的销售终端，而短视频环节和直播环节恰好能满足这一条件。

短视频与直播融合运营时，两者的资源也可以通过融合产生更好的效果。短视频与直播的资源融合，是指将投放在短视频与直播两个环节上的人力（人才）和物力（即商品供应链）整合到一起并根据整体运营目标协调使用，以创造整体上更大的价值。

1. 短视频与直播的人才整合

在人才层面，短视频和直播有很多相似之处。

在岗位需求方面，短视频运营需要内容创作人才、拍摄人才、视频剪辑人才、平面设计人才、出镜人才、短视频账号运营人才等。如果短视频环节有商业变现，那么可能还需要选品岗位人才和客服岗位人才等。而直播运营需要主播、助理、场控人才、直播活动策划人才、拍摄人才、视频剪辑人才、直播账号运营人才、选品岗位人才、客服岗位人才等。

可见，短视频与直播的人才需求有一部分是重合的。例如，拍摄人才既可以拍摄短视频，也可以负责直播的拍摄；视频剪辑人才既可以剪辑短视频账号的短视频，也可以剪辑直播片段作为直播的精彩回顾、下一期的直播预告；对于账号运营人才来说，如果短视频和直播融合运营，其只需要注册一个短视频账号或者直播账号，就可以兼顾短视频和直播的运营；等等。

2. 短视频与直播的商品供应链整合

在商品供应链层面，短视频与直播可以取长补短，配合完成商品的营销工作。短视频环节可以用来打造品牌、宣传商品、聚集目标用户，但不宜用于直接销售商品。而直播环节可以用于直接解答用户的消费问题，引导用户购物，以及提供直播电商的售后服务。

具体而言，短视频创作团队需要用优质的内容来聚集用户，直播团队可以根据短视频的用户群体，分析目标用户的消费特点和消费需求，并据此进行招商、选品、质量检测等与商品相关的工作。上述工作完成后，直播团队就可以在直播间开展直播"带货"活动，同时直播人员可以在直播间及时解答用户关于商品的问题，从而促成用户在直播间完成商品交易。

可见，短视频与直播融合的模式，真正有效地重构了市场营销的"人、货、场"三要素，能更好地迎合新媒体时代的用户消费行为，更好地满足用户的在线消费需求。

▶▶▶ 1.3.3 推广方式的融合

短视频与直播在运营过程中都有推广环节。在单独运营时，短视频与直播各自的主要推广方式是使用平台的付费推广工具，如抖音的"DOU+"。付费推广后，短视频内容或直播内容就会出现在目标用户的视频推荐页，为短视频增加观看量或点赞量，为直播增加进入直播间的用户数量，优化直播间的互动数据甚至成交数据。一般情况下，运营者在付费推广工具上的花费越多，获得的用户也就越多。

然而，随着创作短视频和开设直播间的个人和商家越来越多，无论是有才华的个人，还是有运营团队的商家，获得新用户的难度都越来越大，其内容的展现也越来越依赖于付费推广工具的使用。这种趋势显然对于推广成本有限的个人和商家都不太有利。因此，同时开设短视频账号和直播账号的运营者，可以尝试根据短视频和直播的特点，制定基于整体目标的、有关联的推广策略。

1. 基于整体目标使用付费推广工具

基于整体目标的推广策略，意味着在选择付费推广时不再只关注短视频或者直播各自的推广目标，而是从整体的角度看待想要实现的推广目标，从而选择合适的推广策略。

以抖音为例，抖音的付费推广工具"DOU+"既可以用于短视频投放，也可以用于直播间投放，但两者有所不同。短视频投放"DOU+"的收费模式是计算"DOU+"将短视频推荐给"多少人"，内容被推荐到 1 个人的推荐页，算 1 次播放，按千人成本（Cost Per Mille，CPM）的形式收费，即按照曝光 1000 次的形式来收费。而直播间投放"DOU+"的收费模式是预计"DOU+"能为直播间带来多少观看用户，抖音的用户从看到推广内容到进入直播间，需要做出一个点击行为，用户点击进入直播间后才计费。也就是说，直播间投放"DOU+"是按行动成本（Cost Per Action，CPA）的形式计费，即按效果收费。

在实际运营中，一个抖音账号既可用于发布短视频，也可用于开直播，运营者则可以根据实际情况使用不同的推广策略。

一个抖音账号在没有开直播的时段，运营者可以先输出商品"种草"短视频、主播人设打造短视频或者符合目标人群兴趣的趣味短视频，并通过投放"DOU+"来增加账号的关注量。这样，抖音账号在开直播时，就可以将直播信息精准推送给关注账号的用户，从而间接增加直播间的曝光量和用户量。

而一个抖音账号在直播时，运营者如果发现直播间的用户数量不多，为了快速增加直播间的用户量，可以为直播间投放"DOU+"，选择"直接加热直播间"模式，就可以同步直播内容到用户的推荐页。这样，被同步的直播内容吸引进入直播间的用户就会更倾向于认真观看主播介绍商品，从而优化直播间的留存数据。直播间的留存数据越好，也就越容易得到平台的自然推荐。

2. 将短视频粉丝与直播间粉丝统一运营

短视频平台的推荐机制可以将优秀的短视频内容分发给更多对内容感兴趣的用户。而一旦内容获得这些用户的认可，短视频账号就可以获得这些用户的关注，这些用户就会成为短视频账号的粉丝。但是如果不加以管理，这些粉丝就只是短视频账号的粉丝。而如果引导他们加入账号的粉丝群，那么，账号开直播时，就可以引导粉丝群的粉丝们进入直播间观看直播、参与互动、领取优惠券甚至达成交易。

同样，直播间在开播时使用付费推广工具后，平台会将直播信息推荐给一些可能会对直播间风格、直播间商品、直播间主播、直播间购物等感兴趣的用户。这些用户进入直播间后，可能会被商品、优惠力度、红包、奖品等因素吸引而关注直播间账号。从这一渠道关注直播间账号的用户很容易流失，而如果运营者能引导他们加入账号的粉丝群，他们就可能关注账号更长的时间。此后，不管账号是开直播还是发短视频，直播内容或者短视频内容都会被优先推送给这些粉丝。

3. 借助粉丝的裂变实现跨平台的讨论与传播

短视频与直播融合运营时，运营者可以将精彩的直播片段再次创作为精彩的短视频内容，甚至借助直播间的某些冲突表现来引发账号粉丝、平台用户甚至其他平台用户跨平台的讨论，从而让账号、短视频内容、直播内容及相关商品实现更大范围的传播。

在短视频与直播的融合运营中，不同的运营阶段有不同的运营目标。在每一个阶段中，运营者都可以结合短视频与直播的特点策划环环相扣的推广方式，合理使用平台的付费推广工具，以较低的推广成本激发用户的参与兴趣，从而实现短视频与直播的推广目标或其他运营目标。

思考与练习

1. 简述短视频的特点。
2. 简述直播的特点。
3. 为什么短视频与直播需要融合运营？

第 2 章
短视频的策划与运营

【学习目标】

➤ 了解短视频的账号定位。

➤ 了解短视频的选题策划。

➤ 了解短视频的内容创作。

➤ 了解短视频账号的运营技巧。

短视频已经成为一个竞争激烈的行业，短视频创作者要想在激烈的竞争中获胜，既需要持续输出大量有相同点的优质内容给用户留下印象，并留住用户；又需要定期或不定期地为短视频注入一些不同的内容增加新鲜感，不让用户感到厌倦。本章将从短视频的账号定位入手，逐步解析优质短视频的选题策划、内容创作及账号运营技巧，完整呈现短视频的策划与运营过程。

2.1　短视频的账号定位

开始创作短视频之前，短视频创作者需要选择好短视频账号的类型，确定短视频的创作方向。

⋙ 2.1.1　短视频账号的类型

根据短视频内容的不同，短视频账号可以分为以下 8 个类型。

1. 知识类短视频账号

知识类短视频账号主要是在短视频中分享一些生活、工作或者学习的实用技巧，如写文案的技巧、面试的技巧、与人沟通的技巧、制作 PPT 的技巧、化妆的技巧、服装搭配的技巧、日常拍照的技巧、背诵英语单词的技巧等，也会分享生活中实用的小妙招，如轻松洗掉污渍的小妙招、日常整理的小妙招等。这类短视频内容非常实用，容易让账号"涨粉"，适合拥有一定技能和知识的人创作。

知识类短视频的内容创作通常有一个框架，即先提出生活和工作中遇到的各种小问题，再提出合理的解决方案。在讲解解决方案时，需要将方案拆分为通俗易懂、操作简单的步骤。这样的短视频能让解决问题的过程变得有趣，既能吸引用户观看，又能让用户乐于接受，并能让用户根据短视频中的讲解解决实际问题，对用户来说有很大的实用价值。

2. 幽默类短视频账号

幽默类短视频账号发布的内容主要是引人发笑的幽默类短视频。很多用户都喜欢在空闲时间观看这一类短视频。在各个短视频平台，幽默类短视频几乎都是最受欢迎的类型，当然也是竞争最激烈的。因此，选择幽默类短视频账号定位，意味着短视频创作者不仅要能持续输出幽默的短视频内容，还要拥有自己的个性标签，与众不同，这样才能被用户记住。

比较典型的幽默类短视频账号有两种：一种是幽默喜剧类账号，这类账号的短视频内容有故事情节、固定的主演阵容、故事发生的场景等，短视频出镜人员用幽默、夸张的方式演绎人们在生活中发生的各种"囧事"；另一种是言辞犀利却不失趣味的"吐槽"类短视频账号，这类账号创作的短视频内容是从某些日常事件中找到一个切入点进行调侃，虽然调侃的事情比较常见，用语比较浅显直白，但其观点蕴含一定的道理，能让用户觉得这种"吐槽"一针见血，因而受到诸多用户的喜爱。

3. 少儿类短视频账号

少儿类短视频账号的目标用户主要是家有幼童的年轻父母。新时代的年轻父母在照顾孩子、陪伴孩子、教育孩子时往往需要一些参考和指导，少儿类短视频账号发布的短视频由于内容贴合实际且有一定的道理，自然就容易得到这些用户的关注。

在抖音上，少儿类短视频账号"小熊熊手工"展示了各种手工制作方法，如图 2-1 所示，获得了 800 多万用户的关注；账号"画萌娃"用卡通动画的形式记录了"宝妈"和宝宝的相处日常，获得了 500 多万用户的关注。

4. 文化类短视频账号

文化类短视频账号发布的内容主要是各种各样的文化活动，如书画展览、文艺演出、文艺比赛等对传统文化或现代文化进行学习、宣传或弘扬的活动。这种类型的短视频可以满足很多用户了解各类文化知识的需求。例如，抖音账号"河南卫视"经常发布一些传统文化与舞蹈相结合的短视频，如图 2-2 所示，能让用户看到传统文化之美，从而获得用户的点赞和积极评论。

图 2-1 "小熊熊手工"发布的少儿类
短视频

图 2-2 "河南卫视"发布的文化类
短视频

5. 旅游类短视频账号

旅游类短视频账号主要通过探险记录、旅行记录和景点讲解等方式向用户分享旅游景点的自然风光、历史典故等，激发用户的探索兴趣，获得用户的关注。例如，抖音账号"带你看故宫"即是围绕故宫的历史、景色、建筑、展览等内容发布一系列短视频，如图 2-3 所示，以满足用户了解故宫的需求，激发用户去故宫游览的兴趣。

图 2-3 "带你看故宫"发布的旅游类短视频

旅游类短视频账号通过定期发布展示景点特色的短视频可以增强用户黏性，之后就可以开直播，满足用户的"云旅游"需求。在旅游类直播间里，作为"旅游达人"的主播可以为观看直播的用户展现当地的特色风光，也可以在介绍旅游景点时推荐当地的特色商品，并在直播间上架商品，让用户一边"云旅游"一边购物。

6. 生活类短视频账号

很多在都市生活、工作的人，会被慢节奏的乡村生活吸引，一些展示乡村生活的短视频账号自然就很容易"圈粉"。例如，抖音账号"念乡人周周

（周莫）"发布的短视频内容展示的是贵州乡村的日常生活、美食和风景，如图 2-4 所示。虽然拍摄手法简单，但其凭借乡村的优美景色，依然收获了很多粉丝。截至 2022 年 4 月，"念乡人周周（周莫）"凭借 324 条作品，获得了 1100 多万的粉丝和累计 2 亿次的点赞量。

图 2-4 "念乡人周周（周莫）"发布的生活类短视频

7. 店铺类短视频账号

店铺类短视频账号，其创建目的是宣传店铺特色，为店铺带来更多的用户，获得更多的营业收入。

店铺类短视频账号主要有两种类型，一种是"探店达人"创建的探店短视频账号，另一种是商家自己创建的店铺短视频账号。

"探店达人"创建的探店短视频账号发布的内容主要是"探店达人"到实体店进行探访与体验，用短视频来记录探店的过程和感受。这类短视频多见于餐饮行业，"探店达人"通过记录自己的消费体验，向用户展示店内环境、特色食物、服务细节等，引导用户进行消费。

商家自己创建的店铺短视频账号创作和发布的短视频内容主要是展现店铺内的环境、店铺内的商品，以吸引用户进店消费。这类短视频内容的创作要点是展现出店铺的特色，比如餐饮店铺可以拍摄特色食物的制作和品尝环节；家居类店铺可以拍摄商品的用途、卖点及使用场景；电器类店铺可以拍摄电器的日常使用场景和特点，尤其是厨房小电器，可以制作花样美食，从而激发用户的尝试欲望，吸引用户购买商品。

8. 运动类短视频账号

运动类短视频账号发布的主要是讲解运动技能要点的短视频。这类短视频需要在很短的时间内，把期望传达的内容完整、准确地表达出来。因此，往往一条运动类短视频只有一个运动动作或者一个运动知识点，比如锻炼腹肌、锻炼马甲线、改善腿型、改善腰酸背痛、办公室一分钟健身，等等。

对运动类短视频账号来说，不管是知识点还是动作，都很容易与其他同类型的账号"撞内容"。因此，这类账号往往更注重人设的打造，比如有职业资格认证的专业教练人设、"陪伴成长"的温情人设、幽默人设，等等。

▶▶▶ 2.1.2 短视频账号的用户分析

短视频账号除了需要根据自身的特点和目的选择合适的短视频内容创作方向外，还需要通过一定的用户分析来了解用户的需求。用户分析有两个步骤，首先应明确目标用户，即了解创作的短视频是给"谁"看的；其次要分析目标用户的偏好和需求，找出目标用户需要什么，想看什么。只有挖掘出目标用户的需求，然后根据目标用户的需求去创作短视频，短视频内容才能得到目标用户的认可，成为"爆款"内容。

1. 明确目标用户

短视频创作者根据短视频内容创作方向所属的领域，进行精细化分析，就可以找到基本的目标用户群体。

抖音常见的短视频创作领域有美食、职场、教育、旅游、才艺、美妆、服饰、萌宠、汽车、游戏、影视等，每一个领域都可以再次细分。例如，美食领域可以分为特色美食、日常美食、儿童营养美食等；职场领域可以按照岗位等级或者岗位分类进行细分，如中层管理者、销售员、客服、文员、财务等。进行细分的同时，短视频创作者能够渐渐锁定自己的目标用户群体。

2．分析目标用户的偏好和需求

锁定目标用户群体后，就可以通过一些方法来分析目标用户的偏好和需求。一种常用的方法是制作目标用户画像，具体方法如下。

（1）数据分类

制作目标用户画像的第一步是对用户信息数据进行分类。用户信息数据分为静态信息数据和动态信息数据两大类。

● 静态信息数据：这种数据是构成用户画像的基本框架，展现的是用户的固有属性，一般包含用户的基本属性、财务属性、观念属性等信息数据。其中，基本属性是指用户的性别、年龄、职业、居住地区、婚姻状况、子女状况等方面的信息数据，财务属性是指用户的职业、收入水平、支出水平等与财务相关的信息数据，观念属性是指用户的生活观念、消费观念等方面的信息数据。这几个属性的信息数据很多，短视频创作者一般无法完全掌握，从中选取有助于了解用户内容偏好的信息数据即可。

● 动态信息数据：这种数据是指用户的网络行为数据，如观看行为、社交行为、消费行为等。例如，用户在短视频的推荐页面观看短视频内容；用户在看到一条短视频后转发给一个微信好友；用户在某个电商平台搜索了"水杯"，浏览了 3 款水杯的介绍信息；等等。用户的动态信息数据也有很多，短视频创作者在挑选这类信息数据时，挑选符合短视频内容创作方向的信息数据即可。

（2）确定使用场景

仅仅了解用户信息数据，还不能形成对用户的全面了解。对用户信息数据进行分类后，还应当将用户信息数据融入一定的使用场景，这样才能更加具体地体会用户的感受，还原真实的用户形象。

采用 5W 法可以确定使用场景，分析方法如下。

● 项目背景（What）：明确想要创作的短视频属于什么类型，能满足什么样的用户需求。

● 使用人群（Who）：了解观看这类短视频的用户的年龄、性别、兴趣爱好、价值观、工作或学习情况、消费习惯等。

● 使用期望（Why）：了解用户在观看这类短视频时有什么样的期望。

● 使用场景（Where）：了解用户通常在什么场景观看这类短视频。

● 使用节点（When）：了解用户会在什么情况下看完同类型的短视频，在什么情况下点赞同类型的短视频，在什么情况下评论同类型的短视频，以及在什么情况下"划走"同类型的短视频。

（3）收集信息

收集信息即通过采访用户、从数据网站收集数据等方法获取用户信息。

采访用户需要提前准备好沟通模板，以防止采访时由于措辞不当或者提问顺序变化而对用户造成影响，导致结论出现偏差。

沟通模板也称动态使用场景模板，应根据用户使用场景来设计。一个沟通模板需要包含的内容有用户常用的短视频平台、使用频率、活跃时间段、周活跃时长、使用的地点、感兴趣的话题、在什么情况下关注账号、在什么情况下点赞短视频、在什么情况下评论短视频、在什么情况下立即"划走"短视频、在什么情况下取消关注账号、在什么情况下屏蔽账号等。

需要注意的是，在采访时，用户可能并不会准确说出对某条短视频的真实感受，或者关注、取消关注某个短视频账号的真实原因。对此，采访者要扮演好倾听者的角色，在用户讲述时认真地倾听，以弄清用户做出某个行为时的心态，找到用户点赞与评论短视频、关注与取消关注短视频账号的深层原因。

采访用户可以用来获取用户的使用场景信息。而对于用户的基本信息，则可以通过从相关数据网站收集竞品账号数据的方法间接获取，具体方法如下。

首先，打开第三方数据网站，如蝉妈妈、新抖、飞瓜等。

其次，如果已有目标竞品账号，那么直接在数据网站搜索目标竞品账号名称即可。如果没有目标竞品账号，可以通过各种账号数据排行榜，先选择领域，再查看领域内位于排行榜前列的账号，选择 2～3 个作为目标竞品账号。

最后，查看目标竞品账号在"粉丝列表画像"方面的数据。

一般情况下，数据网站上显示的"粉丝列表画像"往往包含性别占比、年龄分布、地域分布、粉丝活跃时间分布等方面的数据。例如，第三方数据网站"灰豚数据"上关于抖音账号"秋叶 PPT"的"粉丝列表画像"如图 2-5 所示。

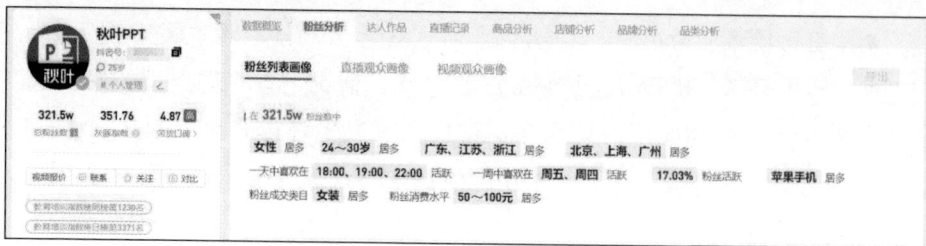

图 2-5 "秋叶 PPT"的"粉丝列表画像"

短视频创作者选取 2～3 个与自己账号所属领域相同的账号作为目标竞品账号，统计相应数据以后进行归类，基本上就完成了目标用户画像的信息收集工作。

（4）形成目标用户画像

将用户的基础信息和使用场景信息进行整合以后，就可以大致制作出短视频账号的目标用户画像。例如，抖音美妆技巧类短视频账号的目标用户画像如下。

- 性别分布：女性用户占比达 90%以上，男性用户的占比很小。
- 年龄分布：18～23 岁用户占比约为 75%，24～30 岁用户占比约为 15%，41～50 岁用户占比约为 9%，其他年龄用户占比很小。
- 地域分布：广东、河南、山东、江苏、浙江等区域的用户占比较大。
- 最常使用的短视频平台：抖音。
- 活跃时间：13:00—24:00。
- 使用地点：家、公司。
- 感兴趣的美妆话题：被推送到首页的各种美妆商品"种草"内容。
- 在什么情况下关注账号：画面精美，商品满足自己的需求，账号持续输出优质内容。
- 在什么情况下点赞：内容有价值，高于期待值。
- 在什么情况下评论：内容有争议，引发共鸣。
- 在什么情况下取消关注：内容质量下滑，不符合预期，更新太慢，广告太多。
- 其他特征：喜欢美食、摄影，喜欢有浪漫气息、格调高的商品。

了解了目标用户的短视频内容偏好，短视频创作者就可以在短视频的内容选择上有针对性地迎合目标用户群体，从而提升短视频的点赞量和账号的粉丝量。

▶▶▶ 2.1.3　短视频账号的竞品分析

竞品分析一词源于经济学领域，现在被广泛应用于互联网商品的立项筹备阶段，指对现有的或潜在的竞争商品进行整体架构、功能、商业模式、运营策略等多维度的横向对比分析和评价，从而有针对性地优化自己的运营策略。

在短视频领域，短视频创作者可以通过科学、专业的竞品分析，找到竞品的可借鉴之处、可改善之处，从而做出能够吸引用户的短视频。在做竞品分析时，短视频创作者需要准确把握以下四大核心内容。

1. 竞品账号的用户行为

竞品账号的用户行为即用户观看竞品账号短视频的行为。短视频创作者可以收集整理竞品账号短视频评论区的用户评论，分析用户观看竞品账号短视频时的体验、情感和思维，从而找到用户观看竞品账号短视频产生黏性行为的关键点，并思考能否运用在自己的短视频创作中。

2. 竞品账号的核心价值观

核心价值观是一个短视频账号的核心竞争力。短视频创作者需要分析竞品账号从内容主题、内容表现结构、文案细节、用户互动等方面体现出来的核心价值观，以了解用户做出"看完""重复观看""点赞""评论""转发"等关键行为的深层原因。

3. 竞品账号的功能拆分

功能拆分即对竞品账号所展现的内容按照功能进行拆分，如账号简介、账号头像、短视频标题文案、短视频封面、短视频的内容节奏、短视频的背景音乐、短视频的互动引导设计、短视频的发布频率等，并与自己的账号一一对比，找出自己的账号与竞品账号之间的差异，挖掘可借鉴之处，以明确自己要细化、优化的功能是什么，并及时细化或优化这些功能。

4. 竞品账号的延伸服务

很多竞品账号运营得很好，原因并不在于其所发布的短视频在内容方面有多么吸引人，而在于其延伸服务做得好，比如与用户之间的互动沟通做得好，更能满足用户的互动需求，符合用户的社交期望等。为了发现竞品账号的这些隐藏优势，短视频创作者在研究竞品账号时，要时刻关注每一个环节的用户体验，注意用户体验的细节设计，从而根据自己账号的特点，把竞品账号的优势合理地运用到自己的账号中，不断优化与完善自己的短视频账号。

在进行深入、细致的竞品账号分析之后，短视频创作者可以写一份竞品账号分析报告，主要内容包括竞品账号分析的背景、领域内的竞争状况、用户的需求分析、目标竞品账号简介、竞品账号功能的详细介绍、竞品账号的商业模式详细介绍、竞品账号的运营及推广策略等，并进行归纳，从而得出结论。

做竞品分析是为了更好地找到短视频账号定位及短视频内容创作的切入点，但短视频创作者不能完全模仿竞品账号，否则会走入严重同质化的误区。竞品账号分析并非只是在短视频运营初期需要做的准备工作，而是在整个短视频运营过程中持续进行的长期工作。短视频创作者需要定期深入观察同领域的热门账号，及时了解竞品账号的数据和内容，取长补短，从中吸取经验，这样才能第一时间了解行业竞争信息，及时地优化自己账号的运营方式，有效地强化自己账号的竞争优势。

2.2 短视频的选题策划

短视频账号运营的成果归根结底是由日常输出的短视频内容来决定的。短视频创作者要持续输出优质的短视频内容，并不能仅依靠偶然冒出的创意灵感，还需要采用一定的选题策划方法。

2.2.1 短视频选题策划的基本原则

短视频选题策划需要遵循以下 6 个基本原则。

1. 符合账号定位

短视频选题需要符合账号定位。在此基础上，锁定某一细分领域持续优化选题、做好内容，锁定的时间越久，账号的"专业感"越强，就越能够获得"专业"的品牌影响力。

2. 树立正向价值观

做短视频，不管是为个人打造品牌，还是为企业打造品牌，都需要树立正向价值观。只有拥有正向价值观的账号和内容，才会在各大平台上得到更好的推广位置，也才能得到更多用户的认可。任何为了获得短暂的人气而"搏出位"的行为都是不可取的，会削减短视频账号的生命力。

3. 避免违规操作

每个短视频平台都有其管理制度，短视频创作者要遵守平台的管理制度。例如，短视频平台一般会对一些敏感词汇做出限制，短视频创作者需要时常关注平台的相关管理规范，远离敏感词汇，避免违规操作。

4. 有知识输出

短视频创作者在策划选题时，也需要注重知识的输出。如果能让用户从短视频中学到知识，就能促使用户进行点赞、收藏、评论和转发，短视频就能借助诸多用户的认可实现裂变传播。

5. 注重选题的互动性

短视频创作者在策划短视频选题时，可以选择一些互动性强的选题，或者选择能引发热烈讨论的选题。这样的选题往往会因为较多的关注和评论触发平台的推荐机制，从而增加短视频的播放量。

6. 适当改变选题策略

选题策略并非确定后就不再改变。环境是在不断变化的，用户对内容的需求和看法自然也会随之改变。短视频创作者需要时刻关注环境和舆论的变化，紧紧把握目标用户群体的心理变化，注意倾听目标用户群体的反馈，及时调整选题策略，以保持目标用户群体对账号的价值认同。

▶▶▶ 2.2.2　短视频选题策划的5个维度

策划短视频选题时，如果没有思路，可以依照寻找选题的5个维度，即人物、食物、器物、方法、场景，建立选题树，从而找出有新意的选题。

1. 人物

在短视频中，人物有两个层面的含义：一是指出镜人物，包括短视频中的主角、配角等；二是指用户群体。短视频创作者可以从"人物"维度出发这样考虑：出镜人物是谁，扮演什么样的角色，是什么身份，有什么性格特点或行为特点，短视频的用户群体是什么样的，什么样的角色表现符合用户期待，等等。

2. 食物

食物是一个人生存的必需品。在短视频选题策划中，食物可以是大家熟知的食物，也可延伸为"精神食粮"，即符合主角所属群体特点及主角个性特点的文化精神方面的事物。例如，主角是大学生，首先就要考虑大学生群体喜欢的书籍、课程和影视作品等，其次考虑主角的个人偏好，即主角个人特别喜欢的书籍、课程和影视作品等。

3. 器物

器物在短视频中是指出镜人物使用的日常器具和具有特别意义的器具。例如，短视频的出镜人物是一名大学生，他平时会用到课本、文具、书包等日常器具；同时他有一个特别的水杯，这就是具有特别意义的器具。

4. 方法

方法是指处理问题的方法、实现目标的方法。在短视频选题策划中，短视频创作者需要考虑出镜人物作为某个群体的一员，会面对哪些比较普遍的问题；出镜人物作为一个有个性的人物，会如何处理这些问题。例如，出镜人物是一个乐观、勇敢、有主见的大学生，可以展现其如何与家长、老师、同学相处，与其他性格的大学生相比，出镜人物有什么独特的、可借鉴的为人处世方法，等等。

5. 场景

场景即故事产生的场景。短视频创作者要通过短视频表达一个主题，需要有一个场景，不一样的场景可能会引发用户不一样的情绪。在一个场景中会产生的故事，在另一个场景中或许就不会产生。短视频创作者需要根据拍摄主题选择符合出镜人物行事作风、促进故事产生的场景。

围绕以上 5 个维度进行梳理，就可以做出二级或三级，甚至更多层级的选题树。以一名爱旅行的大学生为例，可以通过人物、食物、器物、方法、场景 5 个维度梳理出选题树，如图 2-6 所示。

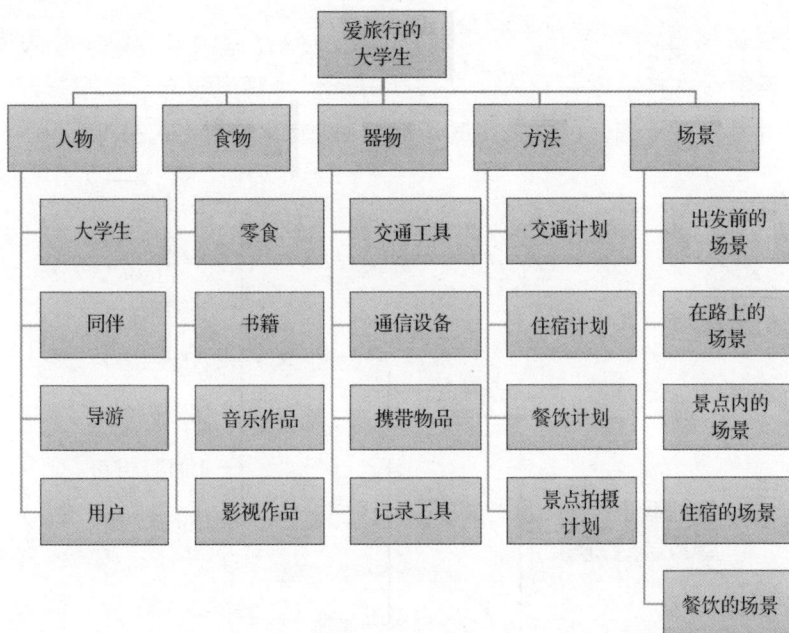

爱旅行的大学生				
人物	食物	器物	方法	场景
大学生	零食	交通工具	交通计划	出发前的场景
同伴	书籍	通信设备	住宿计划	在路上的场景
导游	音乐作品	携带物品	餐饮计划	景点内的场景
用户	影视作品	记录工具	景点拍摄计划	住宿的场景
				餐饮的场景

图 2-6 选题树

制作并拓展选题树并非一蹴而就的工作，随着时间的推移，从选题树中延展出来的选题会越来越多。而通过组织选题树中的 2 个或 3 个元素，就可以快速产生一个选题。例如，根据图 2-6 所示的选题树，可以产生"大学生旅游如何选择同伴""旅途中适合观看的电影有哪些""旅行前要准备好的物品清单""与室友的周末出游计划"等选题。

▶▶▶ 2.2.3 短视频选题库的搭建与使用

短视频创作者需要搭建短视频的选题库，以持续不断地输出优质的短视频作品。搭建与使用选题库的方法如下。

1. 建立选题库框架

根据短视频账号定位可以规划好选题范围，将选题范围所涵盖的内容进行分类并细化，逐一列出主题关键词后即可建立选题库框架。

比如，短视频的账号定位是"分享朝气蓬勃的大学生活"，短视频的出镜人物是乐观、积极向上的大学生，那么选题就可以围绕大学生的学习、生活、情感、梦想等主题展开；学习主题可以进一步按照大学生的需求划分为学习内容、学习渠道、学习方法等类别；而学习内容可以进一步细化为专业学习、兴趣学习、技能学习、人际交往学习、情绪管理学习、时间管理学习、投资理财学习等更细致的选题。短视频选题细化过程如图 2-7 所示。

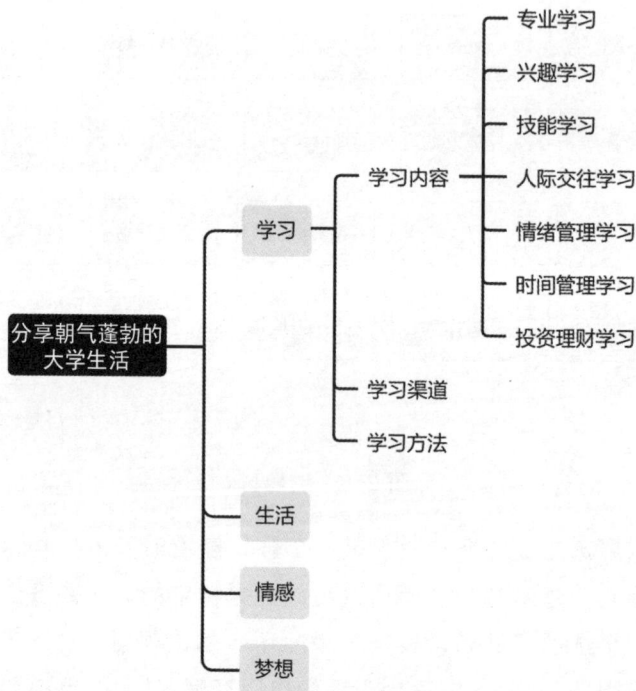

图 2-7　短视频选题细化过程

2. 搜集素材丰富选题库

建立好选题库框架后，就可以为选题库填充素材。短视频创作者可以通过以下途径搜集素材，不断丰富选题库。

（1）视频平台

各类短视频平台、综合视频平台的内容种类繁多，涉及生活的方方面面。短视频创作者可以从短视频平台和综合视频平台（优酷、爱奇艺、腾讯视频等）中寻找合适的素材，在征得原创者同意后，以此为基础进行二次创作，赋予其自身特色，使作品契合自己的账号定位。

（2）经典影视片段

许多受到大众喜爱的影视剧经典桥段或台词，往往能够引发用户共鸣，给用户留下深刻印象。短视频创作者可以利用经典影视片段的部分素材，在征得原创者同意后，融入自己的观点和想法，创作出富有创意的短视频作品。

（3）自己拍摄视频

短视频创作者需要细心观察生活，留意周围的人和事，随时记录好的创意，不断尝试拍摄和累积自己的原始素材。

（4）问答平台的热门问题

一般情况下，知乎、百度知道、今日头条的问答频道等问答平台，往往记录着人们关心的话题。经常去这些平台浏览话题排行榜，往往能找到适合用于拍摄短视频的素材。

（5）阅读书籍

阅读书籍，尤其是经典书籍和畅销榜单上的书籍，从这些书籍中找素材。因为经典书籍里往往藏着让人惊叹的智慧和经验，把这些智慧和经验融入短视频，能给人一种有品位、有内涵的感觉；而畅销榜单上的书籍之所以能够登上畅销榜单，往往意味着人们相信这些书能解决一些精神层面或者现实层面的问题，因此短视频创作者可以从这些书里找出人们关心的话题，以及发人深省、让人赞不绝口的道理。

搭建选题库并不是一朝一夕的事情，短视频创作者需要长期收集、整理，才能逐渐搭建起内容丰富的、能够满足多种创作类型和创作风格要求的优质选题库。

2.3　短视频的内容创作

优质的短视频内容是吸引用户关注短视频账号的核心因素。随着短视频行业的发展，短视频创作者越来越多，短视频作品也越来越多，短视频用户的品位越来越高，短视频创作者要想稳定输出优质内容，需要借鉴并总结出一套方法来完成短视频的内容策划、素材搜集及创意打造。

▶▶▶ 2.3.1　短视频内容创作的基本原则

在短视频内容创作过程中，短视频创作者需要遵循一定的原则。这样打造出的高质量内容，才可能满足用户的观看需求。短视频内容创作需要遵循的基本原则如下。

1. 原创

在内容领域，不管是短视频内容还是图文内容，只有持续发布优质的原创内容，才能让一个账号拥有较为持久的竞争力。

当今的短视频平台非常注重内容的原创性。短视频发展到现在，已经过了"野蛮生长"的阶段，每一个平台都有数量庞大的短视频创作者。但并不是所有的短视频创作者都有原创能力，有一些短视频创作者通过"模仿"快速发布内容，完成了粉丝的原始积累，并养成了这样的内容创作习惯。然而，"模仿"制作的短视频会导致用户经常刷到重复的题材和类似的内容，用户会因此反感甚至"取关"相应账号。因此，为了改善这一现象，几乎每一个短视频平台都会鼓励原创，给原创内容分配更多流量。

2. 有创意

在短视频内容中加入创意元素，可以使短视频的内容与众不同，给用户带来新鲜感，用户看完短视频后才会做出点赞、评论、转发的行为。

例如，抖音账号"卫龙"发布的短视频，常常把辣条与各种各样的生活场景、办公场景联系在一起，如"不同学生上自习""不同公司面试""不同公司员工如何过周末""不同公司发年终奖""辣条公司的年终考核"等，内容轻松有趣，让账号获得了约 80 万名用户的关注。

3. 快节奏

越是花很多时间观看短视频的用户，对短视频就越挑剔，对内容的节奏要求也就越高。一个短视频如果不能在前 3 秒内引起用户的兴趣，就可能会被用户"划走"；即使短视频在前 3 秒抓住了用户的注意力，但后面的内容让用户感到啰唆，用户还是会跳过中间剧情直接看结尾；如果感觉结尾不如预期，用户可能就会选择"不感兴趣"。

因此，在短视频的内容创作阶段，短视频创作者要尽可能剪掉多余的内容，加快短视频的内容节奏，在几分钟甚至几十秒内呈现完整的剧情。

4. 有情感共鸣

如果短视频内容可以戳中用户的情感痛点，引发用户的共鸣，用户一般就会为短视频点赞、评论和转发，甚至主动查看该账号下更多的短视频内容。一般情况下，有关兄弟姐妹关系、同学朋友关系、婚姻关系、亲子关系等情感关系的优质内容，常常能触发用户怀念、深思、快乐等情绪，获得用户的主动点赞、评论和转发。

5. 有知识获得感

在短视频中传播现实中可模仿的技巧，如处理人际关系的知识、对个人发展有用的知识或者增长见识的知识，都能让用户产生一种"知识获得感"，从而更愿意点赞、评论和转发。

例如，抖音账号"秋叶 Excel"主要通过时长为 15～60 秒的短视频来讲解 Excel 实操技巧，如"Excel 常用快捷键""批量添加超链接""汇报如何突出重点"等短视频内容，即是用可视化的、碎片化的方法教授实用的 Excel 操作技巧，把繁杂的 Excel 知识变得简单易学，得到了诸多职场用户的认可和喜欢。

▶▶▶ 2.3.2 短视频内容创作的素材搜集

短视频创作者需要在平时就养成搜集素材的习惯，当需要创作短视频时，就可以直接从素材库内提取相关素材。

对短视频内容创作而言，主要搜集以下 4 种类型的素材。

1. 名言警句类素材

短视频中加入名言警句，往往可以起到升华主题的作用，从而引发用户点赞、转发和评论。

通常情况下，短视频创作者可以通过在百度使用关键词搜索，即时搜索某一类名言警句。例如，搜索"关于勤奋的名言""关于学习的名言""关于友谊的名言"等，就会找到很多名言警句。这样的名言警句可以在需要使用时直接搜索挑选。

平时，短视频创作者可以从阅读的书籍、观看的影视作品中摘抄经典语句。这样的语句是短视频创作者在阅读或者观影时获得了特别感受而记录下来的，在使用的时候与短视频的主题联系在一起，往往能给用户带来特别的感受，起到较好的传播作用。

此外，短视频创作者还可以按照一定的方法"自己造金句"。具体而言，从网络上找一个名言警句，抽出核心内容，只留下句式结构，填上自己想要表达的内容即可。

比如，网络上流传这样一个经典语句："竞争并不是人类前进的动力，嫉妒才是。"把这句话的核心内容抽出来，得到这样的句式："……并不是……才是。"

按照这个句式，"想穿得好看，衣品才是关键"就可以改造为"'买买买'并不是让你变美的关键，衣品才是"。

2. 剧本类素材

短视频如果是有故事情节的，有开头、转折、高潮、结尾，就会比较容易吸引用户观看下去。这就是剧情类短视频的魅力。很多短视频即使选题普通，也能依托一定的剧情演绎变成剧情类短视频，吸引较多的用户。

而要将短视频剧情化，短视频创作者就需要注意搜集剧本类素材。搜集剧本类素材的常用方法有以下几种：短视频创作者可以通过剧本联盟、原创剧本网等剧本网站寻找合适的素材、购买剧本或找人代写剧本；也可以通过阅读小说、观看影视作品，记录经典片段，在需要创作短视频剧本时从这些经典片段中寻找灵感；还可以通过微博、今日头条、知乎等平台，寻找有代表性的生活场景故事，结合选题进行二次创作后变成自己的短视频剧本。

3. 知识干货类素材

如果想让用户在看完短视频后有"知识获得感"，那么短视频创作者就要在短视频中添加一些知识干货。

知识干货类素材的搜集，需要先建立一个领域的知识框架，然后从垂直类网站或者专业类图书中寻找相关内容填充到框架中。

短视频创作者可以通过 3W1H（What、Who、Why、How）的方法来完成知识框架的设计和素材的搜集，具体说明如下。

- What：这个知识是什么？
- Who：谁需要这个知识？
- Why：为什么需要？
- How：这个知识怎么用？

4. 热点类素材

根据热点创作短视频是一个能够快速提高短视频点击率的方式。在特殊的时间节点或者某个热点事件刚发生时，借势热点往往能够让短视频内容瞬间被"引爆"，达到快速扩大账号影响力的效果。在每个时间节点，短视频平台都会推出一些热点话题，同时对热点话题下的短视频给予流量倾斜。

值得注意的是，追热点要追的不是热点事件，而是热点关键词。短视频平台是根据关键词推送短视频的，短视频创作者只有选对了热点关键词，才有可能获取不错的流量。

下面推荐几种热点追踪工具，供短视频创作者参考。

（1）新浪微博热搜榜

新浪微博基于自身平台用户的搜索行为，第一时间挖掘、捕捉大众关注的兴趣点和热点，利用热搜榜、文娱榜、要闻榜、视频榜、同城榜等，从各个维度罗列热点话题，提供热点榜单。

（2）知微事见

知微事见是一个深度事件智库，专注于热点事件、营销事件的研究与分析。知微事见提供了全平台事件影响力指数、微信平台影响力指数、网媒平台影响力指数、近30天热点事件，并以图表的形式展现各个热点事件的舆论热度，非常直观。

（3）短视频平台的热搜榜单

短视频平台都有自己的热搜榜单，如抖音的"抖音热榜"，快手的"快手热榜""快看点热榜"，视频号的"热门搜索"，短视频创作者从这些榜单中都可以看到每天的热点话题。

此外，其他平台的热搜榜单，如百度的"百度热搜"、今日头条的"头条热榜"、知乎"热榜"等都可以看到每天的热议话题。

▶▶▶ 2.3.3　短视频内容创作的创意技巧

即使是一个普通的主题或者内容素材，如果短视频创作者合理使用一些创意技巧，也能让短视频因为富有创意而趣味十足。短视频创作者可以在短视频内容创作中使用如下创意技巧。

1. 加入幽默元素

在现实生活中，一部分用户之所以"刷"短视频，可能是因为无聊、烦闷，想打发时间，也可能是因为工作压力大，想舒缓心情等。幽默类短视频以其风趣、幽默、娱乐性强的特点而备受用户的喜爱。短视频创作者在创作短视频时，可以刻意运用一些幽默技巧，如夸张、模仿特定人群的动作言语、取昵称、曲解语义、引申语义、自嘲等，对一些比较经典的内容或者生活中的常见场景进行"幽默化"的改编，从而创作出使人发笑甚至开怀大笑的短视频。

2. 加入自然元素

现代都市人每天身处高楼大厦之中，往往会向往乡村田野、山水如画的生活，田园生活类短视频也是因为含有丰富的自然元素才能够快速地吸引现代都市人的目光，获得他们的关注和点赞。创作短视频内容时，即使内容主题不属于田园生活类，也可以为短视频加入一些自然元素，如天空、草地、河流、树木、鲜花、飞鸟、走兽等，为短视频增添自然之美。

3. 加入哲理元素

对于主题比较大众化、内容比较普通的短视频，短视频创作者可以为其加入一些哲理元素，让用户在观看后获得某种感悟。这样，原本平淡、普通的短视频也就拥有了立意深远的感觉，让用户看后回味无穷，从而获得不错的"涨粉"效果。

4. 内容表现故事化

一个道理，如果直接说出来，人们可能不会在意；但如果通过讲故事的形式表现出来，人们可能就会津津有味地从头听到尾。创作短视频也一样，短视频创作者如果想要传达一个道理，就可以抓住关键点，围绕关键点讲述一个故事，以吸引更多的用户观看、点赞、评论和转发。

在短视频领域，常见的故事类型有以下几种。

（1）爱情

爱情是年轻人关注的热门话题。与爱情相关的短视频，如含有暗恋、表白、分手等故事情节的短视频，年轻人都会多看一会儿，而且会不由自主地把自己代入其中。

（2）创业

成功者的创业故事，过程是跌宕起伏的，结果是振奋人心的，过程中还会有一些能给人启发的为人处世之道，因而这种故事是很多成年人喜欢观看的内容。在短视频中展示创业成功者的艰辛、努力及经验，往往能引人赞叹，给人启示。

（3）逆袭

逆袭故事主要是讲平凡的人通过持续的努力获得成功。这样的故事能让很多普通人看到未来的希望。在短视频中，短视频创作者可以通过角色的前后反差及典型事例来展现一些成长的道理，以激励人心。

（4）亲情

亲情故事主要是通过创造特定情境和情节，来展现亲人陪伴的温暖，引发用户的共鸣。

（5）转变

转变故事即由好变坏或者由坏变好的故事。在短视频中，转变故事可以与人生道理相结合，即通过一个转变故事，展示一个人生道理，在吸引用户观看的同时，引导用户在评论区说出自己的想法。

（6）家庭

在家庭故事中，家庭成员由于年龄、角色、经验不同，常常会产生认知差别、行为误会，短视频创作者在短视频中展示这些差别、误会的产生、影响或者解决的过程，往往能得到用户的点赞、评论和转发。

2.4 短视频账号的运营技巧

短视频创作者不仅要注重内容创作，还需要使用以下几个运营技巧做好运营工作，为短视频账号积累更多的粉丝。

▶▶▶ 2.4.1 快速更新，获取平台更多的推荐

短视频账号运营首先要做到快速更新，这样可以获取平台更多的推荐，也有利于培养用户的观看习惯，吸引更多平台用户成为自己的粉丝。

短视频内容的更新涉及两个操作环节，即内容创作和内容发布。

一般而言，短视频创作团队的分工与合作是保持内容创作高效率的关键。短视频创作团队中需要有编导、摄影师、剪辑师、运营者等人员，相应人员确定好各自的工作职责，将内容创作环节流程化和标准化，可以提升短视频的创作效率和传播效果。

而在短视频内容的发布环节，则需要注意以下两个细节。

1. 发布频率

如今是信息爆炸的时代，各种碎片化信息层出不穷，一个短视频账号如果长时间没有发布新短视频，就可能被用户遗忘。相反，以较高的频率发布

新短视频，比如每天都发布 1 条新短视频，就可以保证短视频账号的持续活跃，得到用户的持续关注。

短视频创作者如果无法保证每天发布新短视频，也可以每周发布 1~3 条新短视频，并尽可能地保证短视频的内容质量，以弥补数量上的不足。

2. 固定发布时间

当定期发布新短视频，尤其是当发布时间固定时，比如每天 18:00 发布 1 条新的短视频，对短视频感兴趣的用户就会经常刷到新短视频，也会清楚账号的更新时间，从而对账号的短视频更新产生一种期待，甚至会准时上线观看账号发布的新短视频。长期下去，用户就养成了定时观看新短视频的习惯。

不过，固定发布时间之前，要先选择好发布时间点。发布时间点要依据目标用户的观看时间而定。例如，账号的目标用户是职场人士，职场人士一般在工作日的白天忙于工作，空闲时间较少，忙碌了一天后，才有可能观看短视频来缓解压力、放松心情。针对这类目标用户，短视频创作者就不适合在白天发布新短视频，应该在晚餐后至临睡前的这一段时间发布新的短视频。

如果没有特别明确的目标用户群体，短视频创作者就可以选择普通用户的活跃高峰期来发布新短视频。相关数据表明，不管是在工作日，还是在周末，短视频账号发布作品的高峰期为中午（11:00—12:00）和傍晚（17:00—19:00），尤其是傍晚，短视频账号发布的作品数量最多。与周末相比，短视频账号在工作日的 17:00—19:00 发布的作品数量更多。而不管是工作日还是周末，在 17:00—19:00 发布的作品往往会收获更多的互动。

▶▶▶ 2.4.2 巧用标签，获取精准流量

标签是短视频的重要流量入口，发布短视频时，给短视频打上合适的标签，可以有效提升短视频的播放量。短视频的标签越精准，短视频就越容易获得平台推荐，越容易被用户看到；同时，精准的短视频标签也便于用户通过标签来搜索自己想看的短视频。短视频创作者为短视频打标签时，需要遵守以下几条原则。

1. 标签数量以 3~5 个为宜

一条短视频的标签需要设置 3~5 个，标签数量太少不利于平台的推送和分发；太多则会混淆重点，不利于平台将短视频推送给目标用户群体。例

如，某条智能商品测评类短视频，短视频创作者如果只选择"测评"标签，因为这个标签涵盖的范围十分广泛，平台无法明确短视频内容属于"测评"下的哪个细分领域，就会导致推送不精准。对于这条短视频，短视频创作者还应添加特征更为明显的标签，如"智能音箱""人工智能""AI""京东"等，以涵盖短视频所包含商品的品类、功能、销售渠道等。

2. 标签需贴合短视频内容

标签一定要贴合短视频内容，不能与短视频内容没有丝毫联系。例如，如果是美食类短视频，其标签要属于"美食"这一范畴，如"美食""川菜""烘焙""午餐"等。标签一定要精准，假如标签不贴合短视频内容，再多的标签也毫无用处。例如，一条美食类的短视频，其标签却是"职场""运动""时尚"等不相关的内容，这非但不能吸引更多用户，反而会招致用户的反感，甚至影响账号的垂直度，影响平台的推荐。

3. 标签的语义范畴要合理

标签的语义范畴要合理，既不能过于宽泛，也不能过于细分。如果标签过于宽泛，短视频就容易淹没在众多竞品中；如果标签过于细分，又会将分发范围限定在过于狭窄的用户群体中，使账号损失大量潜在的用户。例如，"测评"这一标签就过于宽泛，而"生日蛋糕"这一标签则过于细分。

4. 合理使用热点标签

合理使用热点标签是一种借势热点话题的行为。热点话题可以吸引巨大的流量，各大短视频平台都对热点话题有流量倾斜。例如，每到国庆节、中秋节、开学季等特定节假日或时间点，很多短视频平台会推出曝光量加倍的短视频征集活动。因此，短视频创作者在为短视频打标签时，可以依据短视频内容合理地使用当下的热点标签，以提高短视频的曝光率，获得平台更多的推荐。

▶▶▶ 2.4.3　引导互动，增强用户黏性

在短视频的策划与运营过程中，短视频创作者还应注意对用户互动的引导。短视频创作者如果能引导用户进行积极的良性互动，如在评论区表达自己的观点、点赞短视频、点赞评论、参与投票等，就能拉近与用户之间的情感距离，增强用户的黏性。

短视频创作者引导用户互动的方法有以下几种。

1．话题讨论

话题讨论可以激发用户的互动兴趣。引发话题讨论的常用方法有以下3种。

（1）拍摄参与感强的短视频

短视频创作者可以专门拍摄一些参与感强的短视频。例如，在拍摄美食类短视频时，可以选择展示美食的另类吃法或特色做法，吸引用户模仿制作；拍摄健身类短视频时，可以选择拍摄用户能够随时随地简单模仿的动作；等等。这些短视频因为可以让用户快速模仿，让用户感觉"看完就学会了"，能引发用户的点赞、评论和转发。

（2）创作能引发观点讨论的短视频

如果短视频的主题或者内容情节有较强的讨论价值，用户就会主动参与到激烈的讨论中，这会进一步增加短视频的热度。有讨论价值的短视频，往往是从生活的常见场景中切入一个有争议点的话题，可以让有过类似经历的用户感同身受，自发地在评论区表达感受，从而吸引更多用户参与讨论。

（3）利用文案引导用户讨论

如果短视频内容不容易引发讨论，短视频创作者可以在短视频的结尾和短视频的标题中利用文案来引导用户讨论。例如，利用诱导回答型文案"这样的做法对吗"；利用诱导建议型文案"有类似经验的朋友，请在评论区给出一些建议，感激不尽"；等等。这些文案会对有想法却不习惯主动表达的用户产生激励，激励他们表达出心中看法。

2．回复评论

对于用户在评论区中的评论，短视频创作者还需要做好评论互动，积极回复用户评论。短视频创作者回复评论，一方面可以增强用户的互动体验感，另一方面可以增加短视频的评论热度，使短视频得到更多的推荐。短视频创作者回复用户的评论时需要注意以下几点。

（1）第一时间回复

短视频创作者要尽可能在第一时间回复用户的评论，这样可以让用户产生"被重视"的感觉，增加对短视频创作者的好感。一般而言，短视频创作者对用户的评论回复得越快，就代表短视频创作者对用户评论的重视程度越高，用户对短视频创作者的好感度也就越高。

（2）顺着用户的思路进行互动

有时用户的评论可能言语过激、用词尖锐，此时短视频创作者切不可"针尖对麦芒"地进行回击，而要顺着用户的思路与其展开互动，并展示出自己会按照他们的良好期望不断改进的决心，增强他们的期待感。

（3）创作"回复专场"短视频

除了在评论区回复，短视频创作者还可以对用户的评论进行整理，在下一条短视频中进行集中回复。当短视频账号发展到一定阶段后，短视频创作者可以就用户评论单独设置一个问答栏目，集中回答一段时间内的用户评论，将其创作为短视频并置顶，以增强用户的"被重视感"和用户黏性。

（4）评论置顶

短视频创作者在评论区发现高质量评论时，可以将其置顶，引导更多用户进行更大范围的互动。这种方式相当于"帮助用户上热门"，能增强用户的评论体验感。

（5）评论预埋

短视频在刚发布时，评论可能很少，短视频创作者可以先用小号评论和好友评论的方式发布有趣、有干货、有话题性的评论或犀利的提问，引导其他用户畅谈自己的观点。

3. 发起活动

短视频创作者可以通过发起活动来进一步增强用户的黏性。借助短视频，短视频创作者可以发起以下活动。

（1）挑战类活动

挑战类活动可以快速激发用户的好胜心，吸引用户参与挑战。

挑战类活动要有一定的难度。只有具有一定难度的活动，才能激发用户的挑战欲望和竞争意识。因此，在策划挑战类活动时，挑战成功的标准应设置得高一些。这样，挑战成功的用户才会得到较强的成就感。

当然，为了吸引更多用户参与挑战，短视频创作者还需要设置有一定吸引力的奖励。由于挑战类活动本身就是一种精神激励，挑战成功者自然而然会获得一种"我更强"的精神奖励，因此短视频创作者不需要额外设置精神奖励。在设置物质奖励时，可以选择含有短视频账号名称、口号的精美礼品，以增强短视频账号的品牌影响力。

（2）创意征集活动

开展创意征集活动时，短视频创作者首先要发布一条有创意的创意征集主题短视频，以激发用户产生更多新的创意。同时，还要引导参与用户对自己上传的作品进行进一步的转发与扩散，尽可能地增加用户作品的曝光量，进而增加活动的曝光量。

在征集创意活动时，需要注意以下几点。

首先，需要明确入选标准，即明确什么样的创意短视频才算合格。确定标准后需要在醒目的位置进行公示，这样用户才会有清晰的创作方向，进而创作出更多、更有趣的创意短视频。

其次，需要提供具有一定吸引力的奖品，以激发用户参与和分享的欲望。

最后，在得到用户提供的短视频作品后，要择优进行集中展示，这样可以让参与用户感觉自己的作品得到了肯定，让参与用户对创意征集活动产生认同感。

▶▶▶ 2.4.4　主动分享，提高内容曝光度

一条短视频发布后，会先进入冷启动期。在这个时期，短视频创作者要善于利用短视频平台的分享功能，利用个人及团队的社交关系和影响力，在平台内外分享传播，提高短视频的曝光度，提升短视频的人气，从而获得平台的流量支持。

分享时，有以下几个技巧可以使用。

1. 向站内好友发私信分享

在短视频平台上，短视频创作者可以利用"私信"功能，将自己的短视频分享给自己在该短视频平台上的好友，邀请好友观看、评论或者转发。在站内通过给好友发私信分享时，需要有意识地挑选可能评论或者转发的好友。具体可以参考以下挑选方法。

（1）挑选粉丝多的好友

短视频创作者在向站内好友发私信之前，可以先考察一下目标好友的粉丝量、作品数量、作品点赞量等数据，从中选择几位数据表现较好的好友，向他们发送私信，并在私信中诚恳表达希望其帮忙评论和转发。由于这些好友的粉丝量、点赞量较高，如果短视频能被他们转发或评论，往往就能产生

较大的影响力，就更可能获得巨大的流量支持。

（2）选择与自己互动频率高的好友

短视频创作者可以将刚发布的短视频私信给平台上与自己关系较好、互动较频繁的好友。这样的好友通常愿意帮忙将短视频推荐或分享给其他人，从而让短视频在多次分享后获得更多的流量支持。

2. 同步分享到站外平台

很多短视频平台都有将短视频同步分享到站外平台的功能。短视频创作者在一个短视频平台上传短视频时，可以同时将短视频分享到朋友圈、QQ空间等站外平台，也可以分享给自己的微信好友、QQ好友等站外好友。例如，在快手发布短视频时，可以选择分享至微信好友、朋友圈或者QQ（见图2-8）。这种方式相对于向站内好友发私信分享来说，覆盖范围更广，但不太容易确定分享效果。

图 2-8　短视频同步分享到站外平台的功能

▶▶▶ 2.4.5　构建矩阵，多维运营互相引流

在短视频运营中，短视频创作者也可以创建多个短视频账号，形成短视

频账号矩阵，让账号之间互相引流，提升短视频账号的总粉丝量、短视频内容的观看量和评论量。

1. 构建短视频账号矩阵

构建短视频账号矩阵有以下3种常用方法。

（1）以品牌或企业为中心构建短视频账号矩阵

以品牌或企业为中心构建短视频账号矩阵，即先创建一个品牌或企业的主账号，然后根据品牌或企业的业务分支，创建其他账号；或者根据用户兴趣分类创建其他账号。例如，支付宝在抖音上创建了"支付宝""支付宝那些事""万能的支付宝客服""支付宝科技局"等多个账号，构建涵盖支付宝商品、支付宝企业日常、支付宝客户服务、支付宝技术知识等多类型内容的账号矩阵。

（2）根据商品或服务的多样化需求构建短视频账号矩阵

根据商品或服务的多样化需求构建短视频账号矩阵，即短视频创作者根据商品或服务的分类，构建能够满足不同用户群体需求的账号矩阵，并输出不同的内容，偶尔使各个账号互相引流。例如，秋叶团队在抖音创建的短视频账号有"秋叶Excel""秋叶Word""秋叶PPT""秋叶Office""秋叶PS""秋叶Excel小表妹"等，以满足不同用户群体的多样化需求。

（3）根据人物关系创建短视频账号矩阵

在剧情类短视频中，通常会有2个及以上的人物分别作为主角、配角出镜。这些人物起初可以一起出现在一个短视频账号中，后期可以分别创建单独的短视频账号，发布各具特点的短视频，并在评论区互动，互相引流。

2. 矩阵账号间的互相引流

不管用什么方式构建短视频账号矩阵，在建成矩阵后，就可以让矩阵账号通过互动来互相引流。具体的引流方法如下。

（1）在短视频的评论区互动

短视频的评论区是短视频创作者与用户进行互动的地方，相当于公开的场所，也可以当作一个免费的广告位。当一个账号发布一条短视频时，矩阵中的关联账号就可以在短视频的评论区里进行评论互动，如果关联账号的评论被置顶，关联账号也能被更多的用户看到，从而实现账号间的互相引流。

（2）在短视频的描述中互动

短视频创作者在发布一条短视频时，可以在描述内容填写区使用"@朋友"功能@新账号，从而为新账号引流。在短视频的描述中@新账号，用户点击相应字符后，会自动跳转到新账号的主页，从而缩短用户关注新账号的路径。

（3）矩阵中的账号互相关注

短视频创作者如果设置了矩阵账号的互相关注功能并开放关注信息，用户就可以在其中一个账号的"关注"页看到关联账号信息，如果用户对关联账号感兴趣，就可以通过这个"关注"链接去浏览其他账号。例如，抖音账号"源氏木语家居"关注的"源氏木语实木家"，就是源氏木语的关联账号。

（4）利用短视频的账号简介展示关联账号

短视频账号主页中有一个"简介"板块，除了可以展示当前账号的简介外，还可以展示关联账号的名字和简介，为关联账号引流。

（5）利用点赞功能引流

假如矩阵内有两个短视频账号，第一个账号发布短视频后，第二个账号可以点赞这条短视频。此时，被点赞的短视频就会出现在第二个账号主页中的"喜欢"列表。第二个账号如果在"隐私设置"的"点赞"选项中将"主页喜欢列表"设置为"公开可见"（见图 2-9），那么，当用户点开第二个账号的"喜欢"列表时，就会看到第一个账号发布的短视频，从而为第一个账号的短视频引流。

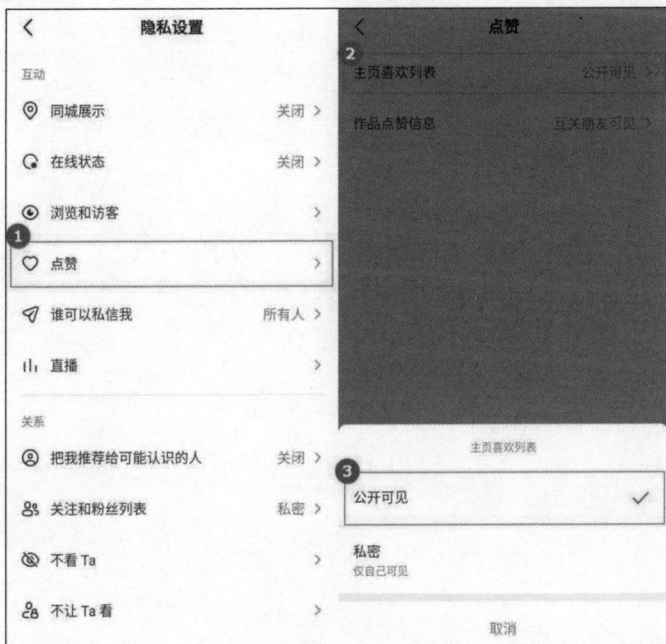

图 2-9 将"主页喜欢列表"设置为"公开可见"

思考与练习

1. 简述短视频账号的竞品分析方法。
2. 简述短视频选题策划的基本原则。
3. 如何搭建短视频选题库？
4. 如何让短视频更有创意？
5. 如何引导用户在短视频评论区评论？

第3章
直播的策划与运营

【学习目标】

➤ 了解直播运营的主流平台。

➤ 理解直播间的"人、货、场"理论。

➤ 了解不同行业直播的运营策略。

一个行业的直播运营方法可以被其他行业借鉴，但并不能成为一种通用的方法。因为不同行业有不同的用户需求，不同行业的直播需要解决不同的用户需求痛点，自然需要使用不同的运营方法。本章将先介绍直播运营的主流平台、直播间的"人、货、场"理论，再以此为基础来介绍不同行业直播的运营策略。

3.1 直播运营的主流平台

要想开展直播运营，需要先选择运营平台。当前，直播运营人员可以在淘宝、抖音、快手、视频号和微博这5个平台开展直播，下面逐一介绍。

3.1.1 淘宝直播

淘宝直播属于电商类直播平台。相对于其他类型的直播平台，电商类直播平台具有更为明显的电商属性，直播运营者在电商类直播平台开展直播营销，有助于促使交易在电商平台内完成，转化率相对较高，流失率相对较低。

1. 淘宝直播平台介绍

淘宝直播是电商平台淘宝旗下的直播平台。全面理解淘宝直播，需要先了解 3 个 App：手机淘宝（即淘宝移动端）、点淘、淘宝主播。

（1）手机淘宝

手机淘宝即淘宝移动端，用户可以在手机淘宝上搜索商品、购买商品，也可以通过首页的"淘宝直播"（见图 3-1）进入"淘宝直播"页面观看店铺或者"达人"的"带货"直播（见图 3-2）。

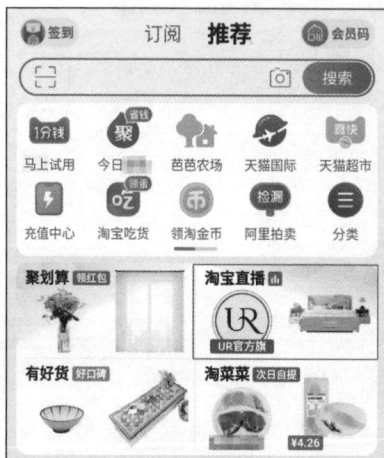

图 3-1　手机淘宝首页的"淘宝直播"

图 3-2　手机淘宝中的"淘宝直播"页面

（2）点淘

点淘原名"淘宝直播"，2021 年 1 月更名后，经过多次升级迭代，其运营模式已经发生了很大的变化。用户在点淘可以观看直播，可以在观看直播时购买商品，也可以观看短视频，还可以利用自己过往购买的商品制作"种草"短视频，通过其他用户的浏览来获取收益。其收益规则如图 3-3 所示。

（3）淘宝主播

淘宝主播原名"淘宝直播主播版"，是主播用于开展直播的独立 App。主播及其团队可

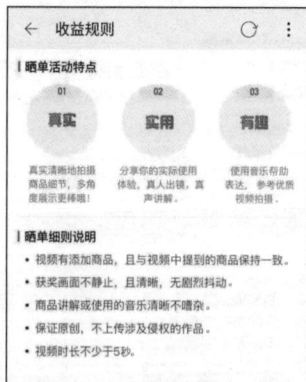

图 3-3　点淘"晒单得元宝"的收益规则

以在此开展直播、发布直播预告、拍摄剪辑上传"带货"短视频或直播引流短视频，也可以学习直播的相关知识，还可以挑选用于直播"带货"的商品。

在淘宝主播，挑选商品的方法很多。淘宝主播中有一个"商品"页面（见图3-4），主播及其团队可以在此直接搜索想要直播"带货"的商品，也可以从其他主播都在播的"商品榜单"中挑选，还可以从"直播严选""大额优惠""公益农货"等有不同特点的商品推荐单中挑选。主播及其团队挑选到想要用于直播"带货"的商品后，点击所选商品，即可打开商品详情页（见图3-5），根据提示选择"加入带货车"，在直播时即可从"带货车"中选择商品直接上架（见图3-6）。

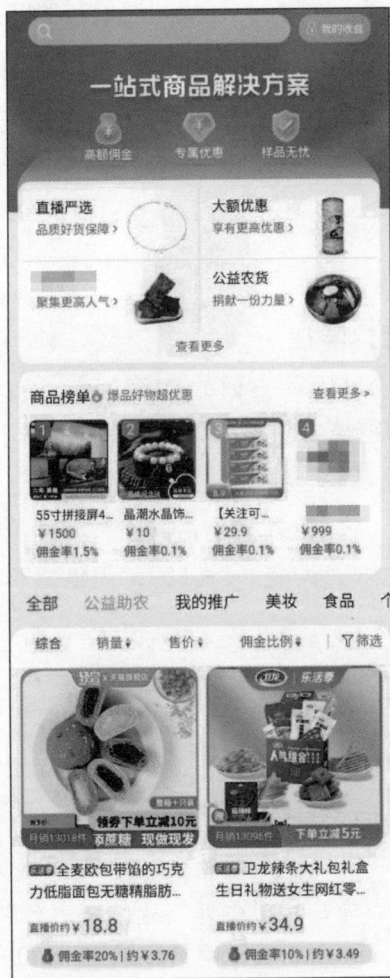

图 3-4　淘宝主播的"商品"页面

图 3-5　商品详情页

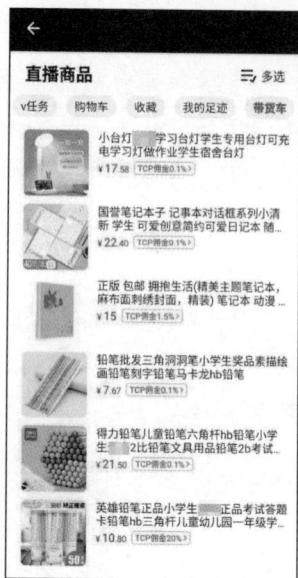

图 3-6　直播间的"带货车"

　　除此以外，由于淘宝和微博有合作关系，微博用户也可以在微博的"直播"页面观看淘宝直播。

2. 淘宝直播的用户特征

　　淘宝直播的用户有以下几个方面的特征。

　　（1）淘宝直播用户规模

　　2021 年 4 月，淘榜单联合淘宝直播发布的《淘宝直播 2021 年度报告》显示，截至 2020 年年末，淘宝直播日均活跃用户大幅度增长，同比增长 100%，特别是"3·30"直播盛典、天猫"6·18"、天猫"双 11"等大促阶段，用户增幅最为明显。

　　（2）淘宝直播用户属性

　　《淘宝直播 2021 年度报告》显示，淘宝直播的用户群体中，女性占比远大于男性，但男性用户增幅明显，其占比较 2019 年提升了超过 4%。从城市分布上看，淘宝直播的用户群体主要集中在一二线城市和五六线城市。从年龄分布上看，淘宝直播的用户群体主要为"80 后""90 后"，其次是"70 后"，"00 后"和"70 前"的占比也在逐渐提升。从用户活跃时间来看，用户观看淘宝直播的时间集中在 18:00 之后，用户数量在 21:00—22:00 达到高峰。

　　直播间 80% 的观看量和超过 60% 的成交额来自核心用户。核心用户的消费能力极强，其月均消费金额是其他用户的 3 倍。这些核心用户可能已经将淘宝直播作为主要的消费渠道之一。

（3）淘宝直播用户兴趣偏好

《淘宝直播 2021 年度报告》显示，2019 年，淘宝直播的直播间占比最大的品类是女装品类、珠宝饰品品类和美妆品类。到了 2020 年，直播间各品类占比差距有所缩小，家装品类、3C 数码品类、生活电器品类等高客单价商品占比明显提升。

2020 年，淘宝直播用户的消费偏好根据性别、年龄、地域的差异呈现出不同的特征。例如，男性用户更喜欢购买家电和汽车品类；女性用户更喜欢购买美妆和女装品类，对汽车品类兴趣不大；"70 前"和"70 后"用户喜欢购买鲜花、家装品类，对美妆品类关注较少；"80 后"和"90 后"对于不同品类的偏好比较均衡，但"90 后"对美妆品类的兴趣比"80 后"大；"00 后"则偏好男装、3C 数码和美妆品类；一、二线城市的用户一般喜欢看医美、本地生活的直播；三线及以下城市的用户则对母婴、汽车、食品等品类的直播更感兴趣；等等。

3. 淘宝直播的营销特点

淘宝直播是淘宝和天猫商家售卖商品的辅助工具，其目的是为商家引流，从而提升商品销量。相对于其他直播平台来说，淘宝直播具有以下营销特点。

（1）以电商为中心，品牌效应和店铺效应更明显

淘宝直播是一个以电商为中心的直播平台，商家是淘宝直播的主角。相较于明星效应，直播间的品牌效应、店铺效应更为明显。2020 年，淘宝直播出现了近 1000 个成交额过亿元的直播间，其中商家直播间数量占比超过 55%，略高于"达人"直播间。可见，淘宝直播用户在商家直播间往往有更明确的购买意愿。

（2）商品品类多，供应链完善

依托淘宝强大的商品供应能力、用户数据分析能力、支付保障和售后保障体系，淘宝直播可以提供完整的用户运营链路及更有保障的物流服务。

（3）主播的销售能力更强

淘宝直播的主播扮演的角色和线下商场中的导购类似。直播间的主播在各自的领域都具有一定的专业知识，可以在直播间解答用户的各类疑问，从

而更有效地提升用户到店铺消费的转化率。

（4）鼓励打造城市产业带，方便用户选择

2020年12月29日，淘宝直播联合淘榜单发布"2020十大直播之城"，它们分别是广州、上海、杭州、北京、金华、佛山、苏州、东莞、重庆、成都。这些城市通过"直播＋特色产业"的模式入选"2020十大直播之城"，金华为"小商品直播之城"，佛山为"家装直播之城"，苏州为"母婴直播之城"，东莞为"大码女装直播之城"，重庆为"美食直播之城"，成都为"女鞋直播之城"。这些上榜的"直播之城"诠释了直播电商赋能传统产业转型、产业城市发展数字新经济的价值，同时也方便用户从各类货源产地挑选物美价廉的商品。

》》》 3.1.2 抖音直播

抖音直播是指抖音的直播功能。抖音原是一款音乐创意类短视频社交软件，以音乐创意表演的短视频内容打开市场，获得了大量的用户。2017年年底，抖音正式上线直播功能。基于庞大的用户基础，目前抖音在直播营销领域占据着头部位置。

1. 抖音直播平台介绍

抖音直播平台主要是指抖音App。在抖音App中，用户可以观看直播、发布直播，也可以在直播间购买商品，查看订单信息，与客服沟通等。

2020年6月，"抖音电商"品牌正式发布，同年8月，抖音举办了首个平台级的电商大促活动"抖音奇妙好物节"；2020年10月，抖音直播关闭外链跳转功能，正式开始打造直播间闭环；2021年1月，抖音支付上线；2021年4月，抖音明确"兴趣电商"的平台定位；2021年8月，"抖音小店"迭代升级为"抖音电商"；2021年11月，抖音开放内测商城一级入口；2021年12月，抖音电商创建独立App"抖音盒子"，其定位是综合性电商平台，对标淘宝、京东等头部电商平台。

而抖音直播也取得了不错的营销成果。公开资料显示，2021年上半年，抖音直播的品牌旗舰店商家占比已超三成。相对于普通商家而言，品牌商家在抖音直播开设的旗舰店直播间的销量更高。这意味着，在抖音直播，品牌是影响用户消费的主要因素。

2．抖音直播的用户特征

抖音直播的用户其实就是抖音的用户。抖音凭借新颖且迎合用户偏好的内容分发机制和主题丰富的优质短视频内容，成为短视频用户最常用、使用时长最长的 App 之一。抖音拥有大量的忠实用户，且用户分布在各个年龄段和各个地区。而抖音直播的诸多功能，比如发布直播、观看直播及直播购物等都嵌入了抖音，抖音用户可以直接使用。因此，抖音的用户也可被看作抖音直播的潜在用户。所有抖音的用户，只要不排斥直播间购物这种模式，都可能在抖音直播购物。

3．抖音直播的营销特点

当前的抖音直播具有以下几个营销特点。

（1）抖音直播的主播门槛低，潜在竞争压力大

抖音直播的主播门槛很低，所有抖音用户都可以申请成为直播间的主播，直接开直播，因此直播间的潜在竞争压力较大。

当然，并不是所有用户都想要成为主播。但是，由于很多短视频功能和直播功能汇集于同一个平台，抖音用户随时会从短视频用户变成直播间用户，也随时会从直播间用户变成短视频用户。直播间不仅需要与其他直播间争夺用户的注意力，还需要与短视频争夺用户的注意力。因此，为了让直播间从平台的内容竞争中脱颖而出，获得更多用户的注意力，直播内容更需要精心设计。

（2）抖音直播的变现方式多

抖音直播主要有两种形式：娱乐直播和"带货"直播。娱乐直播是指以聊天、表演才艺等内容为主的直播，主播在直播过程中不"带货"，主播和直播间通过"音浪"等形式来获得用户打赏。"带货"直播与淘宝直播相似，主播和直播间以商品坑位费和销售佣金为主要的收入。

2020 年，抖音直播上的娱乐直播的收益比"带货"直播的收益要高一些。但在 2021 年，抖音积极布局电商业务，开办了多场营销活动，如 2 月 27 日至 3 月 8 日的"女生节"，4 月 30 日至 5 月 9 日的"抖音 5·5 潮购季"，8 月 1 日至 8 月 18 日的"8·18 新潮好物节"等，抖音通过给予更多的曝光支持、购物补贴支持、销售服务支持，使"带货"直播持续刷新销量高点。

（3）抖音直播的商家规模还在增长

用户在哪里，商家的营销就在哪里。目前，服饰、美妆、母婴、家电、

日化、数码、食品饮料及本地生活等诸多行业的知名品牌都在抖音开设了账号，并进行自播。随着抖音用户规模的增长和用户使用时长的增长，抖音直播的商家规模还会进一步增长。

（4）抖音直播的营销方式多样

在抖音做直播营销，具有不同营销需求的商家可以使用不同的直播营销方式，具体如下。

已经拥有品牌知名度的商家，可以把抖音直播间当作新拓展的营销渠道，以吸引老用户回购和抖音新用户首购。在吸引老用户回购方面，商家需要进行长时间、高频率的直播促销活动，比如开播时间为每天的 12:00—22:00。而在吸引抖音新用户方面，商家可以同时使用多个策略，一方面，要寻找风格契合的主播在直播间"带货"，与抖音头部账号合作拍摄短视频广告，以吸引更多抖音用户的注意力；另一方面，商家还要用自己的短视频账号定期发布品牌独有的趣味短视频，全方位做好品牌宣传工作。

缺乏品牌知名度的商家要在抖音直播"带货"，重点在于做好直播间的选品。这些商家可以采取链接多品类供应商、重运营的模式，销售性价比高的"爆品"和"次爆品"，从而吸引用户的首购和回购。在直播运营方面，商家可以积极寻找与"带货"品类契合的"达人"、短视频创作者来进行商品的宣传，同时通过店铺自播来实现用户的积累和品牌知名度的打造。

▶▶▶ 3.1.3　快手直播

和抖音一样，快手也是先通过短视频业务打开了市场，在积累了大量的用户后，于 2016 年开通了直播功能，随后积极探索新的盈利模式，并在探索直播和电商的道路上走在了行业的前列。快手与抖音虽然是竞争对手，但用户群体略有不同，这也让快手直播的营销价值与抖音直播的营销价值有所不同。

1. 快手直播平台介绍

相对于抖音来说，快手配置电商平台的时间更早。早在 2018 年 6 月，快手就联合淘宝和有赞，推出了"快手小店"与电商服务市场，商家凭借身份证明即可申请"快手小店"的开店资格，商家与个人可以将淘宝或有赞店铺中的商品直接放入"快手小店"中，通过直播或短视频内容引导用户购买。2019 年 3 月，快手发布了《快手小店商品推广管理规则》《快手小店经营违规管理规则》《快手小店售后服务管理规则》《快手小店发货管理规则》4 项店铺运营规则，进一步规范了快手的电商市场秩序。

随着电商功能的日益完善，快手直播的营销规模也在不断扩大。2020 年上半年，快手新入驻商家较多的类别分别为服饰、本地服务、家居、汽车、美妆。而在新入驻的商家中，开通直播的商家多属于汽车、数码、家居、美妆和教育等领域。这意味着，即使是对线下体验和客流依赖较大的汽车和家居类商家，也比较认可快手直播的营销能力。

2021 年，快手调整了直播生态，开始大力扶持"腰部"主播，给予他们更多的流量支持。可见，相对于抖音目前倾向于扶持品牌的政策来说，主播团队更容易在快手成长起来。

2．快手直播的用户特征

与抖音直播一样，快手直播是嵌入快手的一个重要模块，不管是观看直播的用户，还是发布直播的用户，使用的都是快手 App。因此，快手直播的用户，必然是快手的用户。快手直播的用户规模取决于快手的用户规模。

2021 年 8 月，快手大数据研究院发布的《2021 快手内容生态半年报》显示，2021 年第一季度，快手平均日活跃用户数为 3.792 亿，快手电商交易总额为 1186 亿元。

快手的日活跃用户规模小于抖音。然而，快手直播间的成交额并不依赖于平台的普通用户，而依赖于直播间的私域用户。快手在 2021 年 12 月发布的《快手私域经营白皮书》显示，从直播运营者角度看，私域用户贡献了 70% 的电商交易额、80% 的直播打赏金额。而从用户的角度看，40.93% 的用户首单转化发生在其熟悉的主播的直播间。在回购行为中，41.37% 的用户基本上只在其熟悉的主播的直播间购买；41.62% 的用户大部分情况下在其熟悉的主播的直播间购买；只有不足 4% 的用户，经常考虑在陌生主播的直播间购买。可见，在快手，用户对主播的熟悉度和信任度，决定了用户在直播间的消费决策。

在快手，不同年龄的用户有不同的内容偏好。《2021 快手内容生态半年报》显示，2021 年 1 月至 6 月，快手各年龄段用户的热门搜索词统计结果为，"60 后"和"70 后"比较关注自身兴趣，搜索和评论的关键词有"对口型唱歌""钓鱼直播""广场舞大全"等；"80 后"更关注美食与健身，搜索和评论的关键词有"豆腐怎么做好吃""蛋挞做法教程""面食花样做法"等；"90后"更关注解压和睡眠，搜索和评论的关键词有"助眠""大挖掘机视频""笑到肚子疼的搞笑视频"等；"00后"关注社交和上网"必备5件套"（网名、头像、壁纸、文案、表情包），搜索和评论的关键词有"好听的网名""ins风的头像""伤感的壁纸""温柔的文案""可爱的表情包"等。

3. 快手直播的营销特点

相对于抖音直播来说，快手直播的"带货"特征明显。

快手用户在看快手短视频时，如果看到"带货"直播，账号上方会出现"直播卖货"字样，同时整个页面的显眼位置会出现"点击看高清直播"的提示，直播间画面也会占满整个页面。用户即使只停留在页面内，不点击进入直播间，也可以看到直播间正在讲解的内容。

如果刷到的是"带货"直播间的引流短视频，且直播间正在直播，那么账号头像上方也会显示"直播卖货"字样，如图3-7所示。

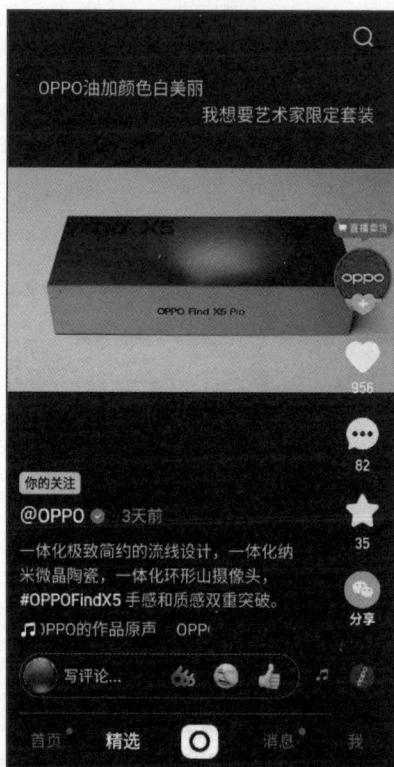

图 3-7　快手用户看到的直播间引流短视频

可见，在快手直播的推广中，不管是用专门设计的短视频内容来引流，还是用即时的、时长不限的直播间内容来引流，内容对于直播间的潜在用户来说都非常友好。有购物需求或者对商品感兴趣的用户，即使不进入直播间，也可以了解直播间内容；如果对商品确实感兴趣，想要了解更多的信息或者可能会产生购买行为，用户才会点击进入直播间；而完全没有购物需求或者对商品没有兴趣的用户，则可以对此内容一"划"而过。

▶▶▶ 3.1.4 视频号直播

视频号是微信官方推出的一个集短视频与直播于一体的内容平台，起初只支持短视频的上传和播放，2020 年 10 月开通直播功能。

1. 视频号直播平台介绍

2020 年 10 月，视频号开通直播功能后，流量入口不断增加，微信公众号运营者在视频号直播中扛起了大旗。例如，单条视频播放量破亿的"萧大业"，连续直播 3 场，每场直播都有 1 万人次观看，"小小包麻麻"更是通过一场直播实现 169 万元的销售额。尽管视频号比抖音、快手等平台起步晚，但可以预见的是，它很快会成为直播营销的新"战场"。

视频号开通直播功能后，一直在对其进行优化。如今的视频号直播功能相较于之前的版本，流量入口增加不少。例如，微信用户可以通过微信发现页专门的直播入口，进入直播间；可以通过发现页的视频号入口，从视频号的推荐、关注页面进入特定的直播间；可以从所关注的直播间账号关联的微信公众号的通知进入直播间；可以从自己的朋友圈看到微信好友分享的直播间，从而进入直播间；可以预约特定直播间，收到开播提醒后在特定的时间进入直播间；等等。

微信中的这些流量入口，可以缩短视频号直播的运营环节，有效减少用户的流失。

2. 视频号直播的用户特征

视频号拥有近乎微信全量的用户基数，包含抖音、快手、淘宝、京东等平台还未覆盖的人群，而公众号积累的老用户也为视频号直播提供了新的机会和市场。

在视频号观看直播的用户，主要是视频号账号的粉丝。因此，视频号比其他平台更容易做私域直播。

3. 视频号直播的营销特点

视频号的推荐方式与抖音、快手的推荐方式不同，不但有兴趣推荐，还有社交推荐。相对来说，社交推荐所占的比例更大。独特的社交推荐机制可以帮助直播间快速积累人气，顺利度过冷启动期。

视频号是微信生态中的一环。微信的核心价值体现为熟人社交。借助微信，视频号直播可以通过微信好友的熟人关系链获得冷启动期的基础流量。不仅是直播，视频号平常发布的短视频内容、直播前发布的引流短视频，也都会借助熟人关系链实现层层扩散。

可见，熟人之间的社交关系是视频号直播区别于其他平台直播的独特优势。然而，这个优势却意味着，一个短视频能否获得用户的点赞，关键可能并不在于内容是否迎合用户的兴趣，而在于其是否符合用户的品位。这也意味着，在其他平台容易获得用户点赞和评论的才艺类等短视频，在处处都是熟人的视频号中，却不容易借助用户的点赞实现进一步传播。相反，在视频号中，知识类短视频和直播都是用户乐于分享的，更容易借助用户的分享扩散实现裂变式传播。

▶▶▶ 3.1.5 微博直播

微博直播是指微博的直播。相对于其他直播形式来说，微博直播的特点并不在于营销，而在于打造"人设"、助力微博账号"涨粉"和增强个人影响力。

1. 微博直播平台介绍

不同于抖音和快手以短视频起家，微博是以图文起家的。一直以来，微博都是大众交流观点的最佳平台之一。即使很多用户喜欢观看短视频，但用户讨论热点事件、热点人物时，大多是使用微博。

微博经过 10 多年的发展，积累了诸多领域的 KOL。这些 KOL 之所以能成为 KOL，是因为他们能够长期输出优质内容，凭借知识分享和观点输出，聚集了粉丝，塑造了个人影响力。对这些有优质内容输出能力的 KOL 来说，他们不仅自己常使用微博，他们的粉丝也常使用微博。因此，当微博开通直播功能时，他们会选择在微博开播。就这样，有一定粉丝基础的 KOL，可以通过微博直播拉近与粉丝的距离。

微博经常发布情感、教育、文学、电影等广受关注的热点话题，吸引 KOL 就这些话题开直播，鼓励更多用户加入 KOL 的直播"连麦"，与 KOL 一起讨论热点话题。而这样的讨论形式会让用户产生一种对多样化知识的获得感。这也让微博直播拥有了商业化之外的属性，成为打造人设、"涨粉"和增强个人影响力的独特平台。

可见，微博直播的核心特点是"连麦"。虽然其他直播平台也有"连麦"这一形式，但在微博直播中，"连麦"却成了其优势。KOL 在微博直播中与其他领域的 KOL "连麦"，进行观点交流，很多专业领域的知识就这样被传播开来。

2. 微博直播的用户特征

微博直播的用户主要为微博用户。微博用户所涉及的领域非常广，有知名度很高的影视行业的从业者、文化领域的名人、知名企业的高管，这些人很容易获得普通用户的关注，拥有大量粉丝，成为其所在领域的 KOL。而为了近距离与这些 KOL 沟通，KOL 从其他途径获得的粉丝也常常使用微博。

从 KOL 的角度来看，KOL 拥有某一领域的专业知识，能凭借专业知识吸引粉丝。他们拥有一定的影响力，只要开播，其粉丝就会聚集在直播间内。因此，他们直播间的观看量和留存率都很高。

从粉丝的角度来看，粉丝群体以年轻人为主，且具有一定的消费能力。他们不仅有自己认可的 KOL 和感兴趣的话题，还因此找到了有共同兴趣的其他年轻人，并组成了一个兴趣圈子，因而更容易强化其兴趣，更愿意相信他们认可的 KOL。

3. 微博直播的营销特点

在微博，"连麦"作为纽带，不但可以增强用户黏性，还开启了各个领域的直播新玩法。例如，某位考研导师在微博"连麦"，开播一小时，有 400 多位用户排队申请"连麦"，单场"涨粉"超过 7000 人。对用户来说，其可以借助"连麦"的机会请导师帮忙解答自己遇到的难题，同时借助导师的幽默回答，纾解备考压力。这种方式不仅可以用于考研领域，还可以用在其他学习领域。

微博是年轻人聚集的地方。除了有学习知识的需求，年轻人也有交流讨论生活、情感和职场话题的需求。而微博因为聚集着不同领域的 KOL，通过

KOL 的直播，成了一个能让 KOL 和年轻人进行理性、深度讨论的平台。这是微博直播不同于其他平台直播的独特价值。

3.2 直播间的"人、货、场"理论

近两年，直播越来越火爆，主要原因在于其营销价值得到充分挖掘。正是因为看到了直播在营销方面的潜力，许多行业的大小品牌积极涌入"直播"行业，将直播营销作为新时代营销战略之一。直播的营销价值主要体现为"人、货、场"三要素的有效重构，以及直播具备的独特营销优势。

营销的本质是连接用户和商品，而连接方式就是构建消费场景。用户即"人"，商品简称为"货"，场景是"场"。"人、货、场"即营销的三要素。直播营销是一种基于直播媒体的新型营销方式，并没有脱离"人、货、场"三要素，而是有效重构了"人、货、场"三要素，使其更符合用户的购物需求，是一个更加高效的商业模式。

3.2.1 直播间的"人"

直播营销方式中的"人"主要有两个元素：用户和主播。

传统的营销方式是以"货"为核心，围绕"场"进行布局，"人"（用户）到"场"去买"货"，销售人员为用户提供销售服务；而直播营销方式则是以"人"（用户和主播）为中心，围绕"人"（用户和主播）进行"货"和"场"的布局。"人"是直播营销方式的基础元素，决定着一场直播的营销效果。

1. 用户

用户是指进入直播间观看直播的人。直播营销的实质就是围绕用户进行的营销活动。营销活动成功与否，关键在于主播是否能以用户为中心进行思考。所有的营销活动都要基于"用户在哪儿我去哪儿"的方式进行。

因此，直播运营者需要了解清楚用户层面的几个问题：进入直播间的用户是哪些人？他们可能会有什么样的日常需求和特别需求？日常情况下，他们喜欢看什么、听什么、用什么？特殊情况下，他们需要看什么、听什么、用什么？然后直播运营者才能以此为依据，用合适的"主播"，来连接"货"，设计"场"。

2. 主播

要吸引用户在直播间互动甚至产生购买行为，主播是一个非常关键的元素。

在直播间，主播看起来更像是传统电商中的在线导购，但又与在线导购有明显的区别。普通的在线导购或售前客服是在线等用户来咨询。用户问什么问题，在线导购回答什么问题。在线导购没有人设，没有记忆点。用户完成咨询后，不会记得在线导购是谁，更不会专门为在线导购而回购。

而主播虽然也是在直播间等待用户，但主播会主动介绍商品，主动为用户"种草"，并能通过直播间外的其他新媒体工具打造人设，并在直播间巩固人设，从而让主播拥有记忆点和不可替代性。

主播的不可替代性并不是由主播自己一个人打造的。能够被用户记住的主播和直播间，其背后往往有一个专业的运营团队，这个团队负责主播人设的打造和维护、直播间的数据运营、直播间的选品，以及售后服务。

在一场直播营销中，主播的考评依据，并不仅仅在于其影响力、名气或粉丝量，还在于主播能否充分了解用户需求，能否通过在直播间的表现赢得用户的好感和信任，能否根据用户的需求选出好物，能否与供应商谈成低价并争取足够有吸引力的福利，能否通过讲解降低用户的消费决策成本并节省用户选购时间。

优秀的主播往往具备以下 3 个方面的能力。

（1）对商品熟悉，能熟练且专业地展示商品的优点。

（2）有鲜明的、可信任的人设与说话风格，能在直播间展示其个人魅力。

（3）能够使用合适的话术打动用户。

当然，直播间营销效果的好坏，并不仅仅取决于主播一个人能力水平的高低，还取决于主播背后是否有一个可靠的运营团队为其出谋划策并做好运营支撑。

▶▶▶ 3.2.2 直播间的"货"

"货"指直播间销售的商品，商品质量的好坏决定着直播间口碑的好坏和营销的成败。

在直播营销中，"货"不仅仅是指商品本身，还包括商品的品牌、设计、材料、包装、宣传等。其呈现方式包括直播间购物车、图文详情页、直播间的实物展示及主播的介绍等。

与传统营销"先有货，货找人"的方式不同，直播营销需要主播先站在用户角度去"选货"（即选品），再整合供应链，确定直播间的销售价格，最后通过在直播间对"货"的充分展示引导用户产生购买行为。在这一系列的营销环节中，选品是基础，决定着直播营销的效果。

直播间选品应考虑以下几个方面。

首先，要考虑商品的实用价值和性价比。简而言之，就是优先选择低价、高频、刚需、展示性强、标准化程度高的商品。

其次，要考虑商品的品牌知名度、设计感、材料特点、展示效果、广告宣传等方面的附加价值，以及如何在直播间展现出这些附加价值。这些也是影响用户做出购买决策的关键因素。

最后，要考虑商品的售后保障。用户在直播间购买商品，收到货后如果发现商品有问题，可能会到直播间反馈。问题若不能及时得到解决，用户就可能会在朋友圈、今日头条、微博、知乎等平台表达自己的遭遇和看法，其他用户看到后可能会不再信任直播间。直播间若失去用户的信任，营销活动也就无法继续。而直播间若能提供完善的售后保障，如退换货服务、商品维修服务等，就有助于维护自身口碑。

在直播间，商品的销量、销售额反映了"货"有没有选对。但在直播间之外，"货"的品牌、质量、口碑、价格、使用价值，能在一定程度上反映直播间的定位、主播的人设。因此，选品时还需要优先选择符合直播间定位、主播人设的商品。

此外，在选品期间，主播及其团队应尽可能试用所选的商品。主播只有认真试用过，才能做到深入了解商品，把真实的体验传达给用户。相反，如果主播对商品的使用价值不太了解，只能在直播间像播报机器人一样读商品简介或说明书，那么这样的直播不但无法打动用户，而且随时可能"翻车"。

▶▶▶ 3.2.3　直播间的"场"

"场"主要是指消费场景，是为连接"人"和"货"而存在的。在直播营销中，"场"的意义在于，主播通过实时互动，搭建消费场景，激发用户的消费欲望，促使用户产生消费行为。

对用户来说，直播间作为一个消费场景的主要价值在于信息收集、框架搭建和决策建议提供。而一旦认可建议，用户就会在此完成对商品的功能感知、价值认知，并做出购买决策。因此，在布置消费场景时，直播运营者需要准确识别用户消费的内在决定因素，迎合用户的个性、价值观、动机和需求，尽可能在直播间将商品信息、商品价值完整地展示给用户，帮助用户快速完成信息收集，并促使用户做出购买决策。

而用户进入直播间这一"消费场景"并做出一系列行为，主要是在以下6种现实场景中进行的。

（1）碎片式场景

用户利用碎片时间浏览抖音、快手、点淘等平台，看到自己关注的主播在直播，进入直播间观看后被"种草"，于是下单购买。

（2）社交式场景

用户在微信群看到朋友分享的直播链接，可能会点击观看，发现自己对主播介绍的商品恰好有需求，且价格低，不想错过，便下单购买，并关注主播。

（3）消遣式场景

用户在下班回家路上或吃过晚饭休息时，随手点进直播间，觉得主播推荐的商品是自己想要的，便产生了购买行为。

（4）需求式场景

用户有购物需求时，去逛淘宝、京东等平台，发现一些店铺正在直播，通过直播更加直观地了解了商品的使用效果，并就一些问题进行了咨询，打消疑虑后产生了购买行为。

（5）沉浸式场景

用户像看综艺节目一样观看直播。这种直播通过主题、内容、环境构建、主播与嘉宾的现场互动，展示商品的使用场景，使用户对商品有更好的了解。所见即所得，于是用户产生购买行为。

（6）追星式场景

一些人设鲜明的主播有规模庞大的粉丝群体，其中不乏多次回购的用户。在开播前，直播运营者会在粉丝群及关联的自媒体平台进行直播预告，粉丝会准时进入直播间观看直播并购买自己需要的商品。

不同的现实场景代表着用户不同的消费习惯。一个直播场景展示的内容越聚焦，进入这个直播场景的用户相似度越高，这些拥有相似需求的用户会通过有意或无意的互助反馈方式，帮助自己和其他用户完成信息收集的工作。这种方式对每个用户而言，都降低了其信息收集的成本，因而受到用户的喜欢。因此，在直播领域会出现这样的情况：关注同一个主播的用户会形成一个圈子，在这个圈子里，随着交流的增多，用户对主播的黏性会越来越强。

由此可见，有吸引力的直播场景并不是主播一味地向用户展示商品信息，而是将直播间打造成一个用户可以相互交流信息的圈子。在这个圈子里，用户可以自己获取想要的信息。对用户来说，自己获取的信息要比别人给予的信息更为可靠。

在这种场景下，主播及其团队需要为用户构建一个容易理解的信息分析框架，这个框架包括需求比较、同类商品比较等。主播及其团队还要提供一些比较专业的知识，以帮助用户快速缩小待决策商品的范围，从而提高用户的信息分析和决策效率。这也是有专业知识、能提供权威建议的主播更受用户喜欢的主要原因。

"货"是一组功能的集合，通过对"货"的使用来解决"人"的特定需求。而只有在特定的"场"中，才能激发"人"使用"货"的欲望。直播间的主要价值表现为通过聚集"人"、分析"人"的需求，连接"货"，构建"场"，向"人"展示"货"的使用过程，唤起"人"对"货"的感性体验，最终促成转化。

3.3 不同行业直播的运营策略

每个行业都有自己的营销规则，不同行业的直播运营者需要使用不同的运营策略。

▶▶▶ 3.3.1 知识付费行业直播的运营策略

知识付费是指把知识作为商品或服务出售给用户，以实现知识的商业价值。知识付费的常见形式是培训课程。知识付费行业的核心商品也是线上或线下的培训课程。因此，从直播营销的角度来看，知识付费行业直播间的主要商品是培训课程，主播可能是讲师、助教、课程的"销售人员"或者维护学员关系的"班主任"（行业内简称"班班"）。

1. 知识付费行业直播的介绍

知识付费行业的直播主要是指由知识类创作者开展的知识分享、知识交流类直播活动。2019 年至今，快手、抖音等短视频直播平台一直在扶持知识类创作者。

2020 年，快手联合艾瑞咨询发布了《快手知识社交生态报告》。该报告显示，截至 2019 年年底，快手知识类创作者总量超过 54 万，这些创作者创作知识类短视频近 1.2 亿条，已经开设超 40 万场直播，其中 51.5% 的创作者获得了知识变现收入。

目前，知识付费行业的直播大多在视频号进行。而视频号功能"付费直播"也刚好能满足知识付费行业直播的某些需求。

2. 知识付费行业直播的运营方式介绍

针对知识付费行业直播的运营，首先要运营的是知识分享类或知识交流类活动，然后才是直播间的核心商品——知识类商品的介绍和销售。

在一场直播活动中，用户才是核心。直播运营者需要先了解用户喜欢什么样的直播方式，喜欢看什么样的内容，喜欢什么样的知识类商品。一般而言，用户进入知识类直播间，是希望看到、听到、得到对自己有用的知识。好的知识付费行业直播需要做到：直播内容好看、有用。而将这两者融合在一起，并不容易。

有的知识付费行业直播经常讲一些新鲜、奇特、反直觉、反"惯常"的话题，主播的镜头表现力也不错，容易吸引用户观看，但是主播所讲的内容不能细究，细究起来就会发现，这样一场直播所分享的知识很少，而且讲解内容缺乏逻辑，观点片面，有东拼西凑之嫌。这种直播归结起来就是强表现力、弱专业，做到了好看，但没做到有用。这样的知识付费行业直播实际上已经变成了以某个知识为话题的娱乐型直播。这样的直播也许在一开始很吸引用户，但实际上很难让用户真正获得知识，很快就会让用户感到厌倦，自然也就谈不上"知识变现"了。

那么，如果在直播间输出很多有深度的、环环相扣的专业知识，合适吗？直播不同于线下的讲座，用户可以随时进入随时退出，大多数情况下不会观看整场直播。用户如果在进入直播间一分钟后还没有被主播所讲的内容吸引，或者观看几分钟后觉得内容不是自己感兴趣的，就可能退出直播间。而有深度的知识并不适合被分解成以分钟为限制、彼此独立的小模块。因此，这种讲解专业知识的直播间并不容易留住普通用户。

针对知识付费行业直播，是为了吸引随时进入直播间的平台用户而讲解碎片化的、有广度但缺乏深度的知识，还是为了吸引蹲守直播间的黏性用户而讲解有深度、连贯、有逻辑的知识，直播运营者需要事先衡量清楚，做出选择。

如果开直播是为了吸引更多的用户，为了提高主播的知名度，为了销售知识付费类商品，那么，直播运营者可以考虑在人流量大的短视频平台，用碎片化的、有趣的知识吸引尽可能多的用户进入直播间并将其留在直播间。而如果想要完成免费用户的付费转化，低价课程用户的高价课程转化，或者促成老用户的回购，那么，直播运营者就需要在直播间告诉用户直播间讲解的知识"有什么用"和"为什么有用"，为用户开展私域直播，用有深度的知识来促成普通用户向付费用户的转化。

不管是公域直播还是私域直播，直播运营者都需要认识到，直播不同于演讲或上课，用户对主播的期待不仅仅是主播在内容方面的输出，还包括有亲和感的互动。即使是私域直播，主播也需要将亲和感和专业性结合在一起，适当增加互动时长。

此外还需要注意，在知识传播领域，直播不能取代录播，也不能取代文字资料。在完备的录播课程、文字资料的基础上，为用户提供专业的直播交流来解答用户问题，是当前比较合适的知识付费行业直播的运营方式。

▶▶▶ 3.3.2　饮食行业直播的运营策略

在快手、抖音等平台，饮食行业开直播是比较常见的。饮食行业的直播主要有两种，一种是以寻觅、制作、品尝美食为主要内容的直播，同时直播间会上架相关食品；另一种是相关食品的"带货"直播，介绍方式是相关食品的制作、详细展示、品尝等。

1. 饮食行业直播的介绍

饮食行业的直播主要是在直播间销售食品类商品。食品类商品由于种类丰富、用户规模庞大、用户需求频率高，成为很多"带货"直播间的首选，继而吸引了饮食行业从业者入驻直播平台开直播。

根据用户对饮食的需求，直播间所销售的食品类商品主要有 3 类：满足日常需求的日常食品、满足尝鲜需求的"网红食品"，以及用作节日礼物的礼盒类食品。

日常食品即满足大众日常需求的食品，这样的商品若能兼顾性价比和健康营养，非常容易受到用户的喜欢。

"网红食品"是互联网上具有高曝光度的食品，一般具备四大特点：首先是符合大多数人的饮食习惯，其次是性价比高，再次是健康，最后是有独特性。例如，方便食品中的螺蛳粉，快餐中的黄焖鸡米饭，造型好看的糕点"雪媚娘""爆浆芝士蛋糕"和造型独特的"脏脏包"等，都一度成为"网红食品"。

不同于满足大众日常需求的食品，"网红食品"由于更能满足年轻用户追求新奇感的需求，即使单价较高，在流行期内也能实现较高的销量，让直播间获得较高的利润。

在每个节日前的一段时间，由于礼盒类食品适合作为礼物，其也会成为很多直播间喜欢销售的商品。例如，春节前，各个品牌的礼盒类糖果、糕点、坚果、牛奶等会成为品牌自播直播间、"达人"直播间主要销售的商品。

2. 饮食行业直播的运营方式介绍

饮食行业直播销售的商品是食品类商品，介绍食品类商品的方法多种多样。以实体餐饮店铺为例，常见的运营方法如下。

（1）介绍奇特的吃法喝法

人们喜欢尝试新鲜的事物或者新鲜的行动，即使是比较日常的食物，如果创造出新鲜有趣的吃法，人们也会纷纷尝试、自主"打卡"、自主宣传。例如，海底捞就创造了诸多隐藏吃法，吸引很多人前去尝试。

（2）全面展示食品的制作过程

食品安全是人们最在乎的话题之一。条件允许的情况下，通过直播实时展示精美菜肴的制作过程，展示餐厅的就餐环境，不但能激发用户的食欲，还能获取用户的信任，增强用户的购买意愿。

（3）邀请美食"达人"现场试吃

美食"达人"拥有一定的知名度，有很多粉丝，自带流量。店铺邀请多位美食"达人"到店尝鲜，不但能得到这些美食"达人"及其粉丝的认可，还能借助多位美食"达人"的集中推荐而成为"网红店"，从而吸引更多用户到店消费。

（4）直播间售卖优惠券

一些有知名度的餐饮企业，可以在直播间售卖优惠券、套餐券、免单券等，以提高性价比。用户若感到实惠，自然会产生到店消费的意愿。

此外，需要注意的是，很多用户观看直播的时间是在 20:00 之后，此时，某些关于消夜的直播，如以烧烤、火锅为主题的直播等，更容易激发用户的下单欲望。

▶▶▶ 3.3.3　日用品行业直播的运营策略

日用品主要包括洗发护发类、口腔护理类、纸巾类、家庭清洁剂类等日常生活用品品类。其特点是单价较低，用户范围广，需要经常回购。而且，这类商品由于耐保存，即使一次性购买很多，也没有什么影响。因此，日用品是公域直播中最能聚集人气、最容易促成转化的品类之一。

1. 日用品行业直播的介绍

日用品行业的直播模式很简单，即"低价促销"。价格越低，用户的购买意愿越强。由于能满足一般的使用需求，试错成本很低，所以用户看到直播间的价格有吸引力时，通常不会进行过多考虑就购买了。对用户而言，针对日用品，从进入直播间到产生购买行为，也许只需要 1～2 分钟。

正因为如此，抖音直播的"京东超市""抖音支付"等账号，淘宝直播的"聚划算""百亿补贴""天猫超市"等账号，往往更容易吸引用户，并促成转化。

日用品行业的用户范围广，各种品类的品牌力不强，知名品牌、中小品牌一起进入市场竞争，而竞争的核心就在于价格和品质。为了突出价格和品质的吸引力，在日用品行业的直播间，主播使用的策略往往是充分展示品质、提供惊喜价、采用快语速和倒计时，营造出"大家都在购买"的氛围，促使观看直播的用户尽快下单。

因此，"热卖""高成交量"是日用品行业直播的主要关键词。

2．日用品行业直播的运营方式介绍

在日用品行业的直播间，用户做出购买决策、产生购买行为的关键在于商品是"低价好物"。直播间想要吸引更多的目标用户进入直播间、观看直播并产生购买行为，就需要做到以下4点。

（1）在引流短视频上，需要使用突出"低价"的文案，创作体现"低价好物"的短视频内容，以吸引用户进入直播间。

（2）用户进入直播间后，主播通过"福袋"来引导用户关注、点赞、评论等，以获得更多的推荐流量。

（3）直播间提前上架足够多的品类。只有商品品类多，才能吸引用户浏览，让用户像逛线下百货商店一样，产生"不买也看看"的心理，然后直播间才能利用个别商品的低价来吸引用户完成消费。

（4）由于用户进入直播间的时间是不定的，并且随时可能退出，因此主播无须讲解直播间的每一款商品，只需要讲解用户比较熟悉的几款商品。在介绍这些商品时，讲解重点也不在于商品的功能，而在于商品的优惠策略，比如，使用"多件打折"策略，让用户觉得买得越多越划算；使用"买赠"策略和"渠道价格对比"策略，以突出直播间的价格优势。这样，用户就不需要再为做出购买决策去收集大量信息，只需要凭借购买经验就可以判断是否"划算"，从而快速做出购买决策。

▶▶▶ 3.3.4 母婴用品行业直播的运营策略

母婴用品行业直播间的主播主要是母婴领域的 KOL，直播间销售的商品主要是母婴用品，包括婴儿用品、准妈妈用品、婴幼儿玩具、幼儿绘本等。这些商品的使用人群相对来说更注重商品的安全性，因而母婴用品是一个独特的商品类别。

1．母婴用品行业直播的介绍

母婴领域的用户规模很大。根据公开数据，在如今的母婴领域，"90后""95后"年轻消费者占比超过 60%，人数超过 2 亿。

母婴用户的日常活跃平台主要是抖音、快手、微博和小红书。用户在

这些平台了解碎片化的母婴知识，交流育儿心得，分享好用的商品并接受他人分享的好用商品。其中，他们最关注的母婴用品是奶粉、纸尿裤、婴幼儿服饰。

母婴用户，尤其是新手妈妈，往往由于缺乏足够的孕期知识、育儿知识，会关注一些母婴领域的 KOL。母婴领域的 KOL 往往是有育儿理论知识和育儿实践经验的"达人"，不能被其他领域的"达人"替代。这也意味着，即使是各个平台的头部主播，也不容易成为母婴领域的 KOL。母婴领域的 KOL 可以凭借经验和知识的输出，成为母婴领域的头部主播。

对母婴用户来说，由自己信任的 KOL 推荐购买的商品，是比较可靠的。而 KOL 一般会建立自己的粉丝群，并经常在群内发起商品团购，团购的价格往往比其他渠道的零售价更低，因此，群内粉丝也会依赖这种购买方式。

母婴用户不仅在购买母婴用品时依赖 KOL，平时也会关注 KOL 的微博账号、抖音账号或微信公众号，以随时随地学习育儿知识。当然，这些自媒体账号也会发布"种草"内容，母婴用户也会渐渐地对被"种草"的商品产生购买意愿。

除了母婴领域的 KOL 之外，母婴用户常用的购买渠道还有信任品牌的官方旗舰店。

2. 母婴用品行业直播的运营方式介绍

在母婴用品行业，母婴用户看重"信任""可靠度"远远大于"优惠力度"。因此，母婴用品行业的直播，主播最好是有育儿经验和育儿专业知识的母亲，可以分享自己的亲身育儿经验、科学的育儿知识，并展示相应的商品，从而赢得用户的信任。

母婴用品行业的直播，除了 KOL 的分享直播、"带货"直播外，还可以是品牌商家自播。

品牌商家自播可以选择线下导购作为主播，因为线下导购比其他人更了解商品和用户心理，也更能根据用户需求提出有效建议。

不同母婴用品品类的商家有不同的自播模式。服饰用品类的商家可以与母婴领域的 KOL 合作，以快速吸引垂直类用户的注意力，快速实现转化。而饮食品类，如奶粉、辅食等，由于事关食品安全，销售时必须要做到专业和严谨，适合由专业导购进行直播。

除此以外，母婴用品店的店长也比较适合进行母婴领域的直播。这些店长既了解商品的相关知识、同类商品的差异，又懂得用户的消费心理，可以在直播间完成线上的品牌宣传与专业知识输出。同时，由于拥有实体店铺，这些店长还可以通过举办线下活动的方式把周边用户组织起来，提高周边用户对店铺的依赖度和信任度，增加复购。

▶▶▶ 3.3.5　服饰行业直播的运营策略

服饰行业的直播主要是服饰类商品的"带货"直播。直播间所销售的服饰类商品，主要包括女士服装、男士服装及鞋履3个细分品类。

1．服饰行业直播的介绍

服饰是直播行业内最受欢迎的品类之一。服饰行业的直播，几乎在每一个直播平台的份额都很大，而且直播间的用户多，用户活跃度高。

目前，服饰行业的直播有较多的运营模式，不仅有"达人"主播直播"带货"、工厂自播自销、品牌自播自销、店铺自播自销、关键意见消费者（Key Opinion Consumer，KOC）直播代销，还有直播运营者到批发市场选货屯积库存并开直播销售的模式。而服饰行业直播的主播既有知名主播、服饰搭配"达人"、KOL、KOC，也有品牌或店铺的员工主播、导购、店长等。

2．服饰行业直播的运营方式介绍

直播间销售的服饰，按照品类主要分为女士服装、男士服装和鞋履。不同的细分品类有不同的运营方式。

（1）女士服装

女士服装往往有不同的风格，比如，通勤风、休闲风、慵懒风、复古风、淑女风、百搭风、民族风、学院风、田园风、街头风、简约风、华丽风等不同的风格，很多女士服装品牌都有自己的风格，每一种风格都有特定的用户群体。当然，用户群体并非固定不变。不过，在直播运营中，一个直播间需要选择其中一种风格，以迎合喜欢这一风格的用户。

而主播在直播间介绍女士服装时需要注意，虽然不同服装风格对应的用户群体有差别，但是，所有的女士服装，吸引用户的关键词都是"好看""时尚"。

（2）男士服装

男士对服装的态度与女士不同，他们通常不愿意花很多时间去比较不同服装的细节。相对于女士服装来说，男士服装没有很多的细分品类。由于多数男士并不擅长服装搭配，主播在直播间介绍男士服装时，若能进行上身演示，展示多样化的搭配，就更容易获得用户的关注并实现购买转化。

（3）鞋履

销售鞋履类商品的直播间，主播如果能展示清楚商品的细节和特点，如材质、设计细节等，再给出穿搭场合建议、搭配建议，就能赢得用户的好感。

以上运营方式是就品牌直播间或者品类直播间而言，而在"达人"直播间和多品牌综合的直播间，用户的偏好并不相同，一场直播所销售的服饰品类也是多样化的，可能有男装、女装和鞋履等，每个品类的品牌和风格也并不统一。在这样的直播间，如果主播将服装、鞋履及其他饰品搭配好一起穿在身上展示，降低用户的挑选成本，就能增强用户的购买意愿。

在直播间介绍服饰类商品时，服饰的功能不同，介绍方式也应有所差异。对于一些百搭类的服饰，如卫衣、运动裤、运动鞋等，由于其使用频率高、购买需求量比较大，可以在直播间进行较长时间的展示；对于一些价格较高的品类，如登山服、滑雪服等，由于使用频率低、单价较高，用户的试错成本高，主播可以在直播间分享一些面料知识、颜色搭配知识、质量好坏的分辨方法，先获得用户的信任，再吸引用户购买。

需要注意的是，在直播间介绍服饰类商品时需要展示穿搭效果。为此，服饰行业主播应注重维护自己的外在形象，以较好地呈现穿搭效果；而在直播开始前，直播运营者也需要对服饰进行简单的整理、挂烫和搭配设计，以突出服饰的美感。

▶▶▶ 3.3.6　美妆行业直播的运营策略

美妆主要是指护肤品品类和彩妆品类，这两个品类的主要用户是女性。美妆是仅次于服饰的直播品类。在一些头部主播的"种草"下，不管是知名美妆品牌，还是新锐美妆品牌，都有庞大的消费人群。

1. 美妆行业直播的介绍

美妆行业的主要用户是女性，约占美妆行业用户数量的 85%，其中，20～45 岁女性用户的占比高达 78%，这个年龄段的女性用户往往有强大的购买力。因此，美妆行业是一个消费潜力巨大的行业。

美妆行业的细分品类很多，但最受用户喜欢的两大品类是面膜和口红。面膜是使用率最高的护肤单品之一；而口红由于单价不高，使用方便、使用率高，也成为首选的彩妆单品。

美妆行业也是品牌至上的行业，用户虽然接受新品牌，但对经典品牌有极高的忠诚度。在价格上，最为畅销的商品价格是 50～200 元。尤其对新品牌来说，用户的价格敏感度更高。因此，新品牌的美妆商品，不管是护肤品品类还是彩妆品类，价格都不宜超过 100 元。

在美妆行业的直播间，常见的促销策略不是降价，而是多送赠品。主播和用户都会换算赠品价格，赠品越多，越容易给用户一种"实惠感"，激发用户产生购买行为。

目前在护肤品领域，用户对商品的挑选越来越理性，其中一个表现是注重商品成分、功效及安全性。用户在选择护肤品时，不仅倾向于选择可信赖的品牌，还倾向于选择有"天然""绿色""健康"等标签的商品。而在彩妆领域，相对于介绍商品本身，主播在直播中实时展示商品的使用过程，分享使用技巧，展示化妆前后效果，更容易获得用户信任和支持。

2．美妆行业直播的运营方式介绍

美妆行业直播的运营方式主要有以下两种。

第一种运营方式是主播在直播间教用户化妆或护肤，同时销售彩妆和护肤品。在这样的直播间，用户观看直播，不仅可以学习化妆技巧、护肤知识，还会逐渐增加对主播的信任，认可主播的专业能力和选品能力，进而产生购买行为。

第二种方式是主播在直播间展示与介绍一些美妆类商品的功能、测试效果并答疑，同时销售测试效果好的美妆类商品。这种直播方式就是先"种草"后"拔草"的模式。

这两种运营方式的共同点是：直播的目的或许是销售商品，但直播内容却不仅仅是销售商品，而是先给用户提供有价值的内容，赢得用户的信任，再销售商品。从用户的角度来看，用户观看美妆直播，显然并不是单纯为了购买美妆类商品，还为了获取相关知识。

因此，美妆直播间的主播必须熟知美妆知识、美妆技巧及美妆类商品的优缺点，了解用户的消费心理，能凭借美妆知识分享、美妆技能分享赢得用户的信任，从而让用户在直播间产生购买行为。即使是已经拥有一定用户基础的知名美妆品牌开直播，主播也需要精心设计话术，在直播间以稍慢的语速耐心介绍商品的适用人群、成分、作用、使用方法及优惠力度，先增加用户对主播、直播间的好感，再促成转化。

思考与练习

1．如何设计食品类商品的"带货"直播间？

2．日用品行业直播和母婴用品行业直播可以使用同一种运营方式吗？为什么？

3．服饰行业直播和美妆行业直播可以使用同一种运营方式吗？为什么？

第4章
直播间引流短视频的创作

【学习目标】
➢ 了解店铺直播间引流短视频的创作方法。
➢ 了解打造主播人设的短视频的创作方法。
➢ 了解"种草"短视频的创作方法。
➢ 了解活动直播宣传短视频的创作方法。

短视频与直播的运营并不是独立的，而是相辅相成的。短视频可以为直播间引流，可以为主播打造人设，可以利用直播间的商品提前完成"种草"，也可以充分宣传各种活动直播。本章将从店铺直播间引流短视频、"达人"直播间人设短视频、"带货"直播间"种草"短视频、活动直播间宣传短视频 4 个角度，介绍服务于直播运营的短视频的创作方法。

4.1 店铺直播间引流短视频的创作

店铺直播间销售的品牌、品类比较单一，主要依靠品牌的影响力来吸引用户观看直播。对于用户而言，他们可能并不记得店铺直播间的主播是谁，只能记得店铺的名字。即使记住了店铺的名字，也不会经常搜索。只有当用户本身是某个品牌的多次回购用户且需要购买某类商品时，用户才有可能通过搜索店铺名字或者品牌名字来找到自己想要的商品。

因此，对店铺直播间来说，仅仅靠直播是不容易吸引用户进入直播间并激发用户消费欲望的，还需要平时多发布有趣的短视频，将店铺内容、相关商品时不时地展现在推荐页面中，让用户不管有没有需求，都有动力进直播间看看。进直播间看看的用户如果觉得商品不错，就可能产生购买行为。

这意味着，店铺直播间需要拼时长。一个店铺的直播间不能只有一个主播，应有多个主播轮流直播。而为了吸引更多的用户进入直播间，运营者还需要创作不同的引流短视频，以吸引在不同时间上线的用户进入直播间。

▶▶▶ 4.1.1　店铺直播间的用户特点

用户进入店铺直播间，观看直播并购买商品，往往有以下几个原因。

（1）确实有消费需求，正好看到同类商品的推荐就进入直播间看看。

（2）之前已经看到很多用户推荐该商品，无意中被"种草"了，在"刷"短视频时看到直播间的主播在推荐这款商品，就进直播间看看，因为价格合适，便下单购买了。

（3）用户过去在店铺直播间购买过其他商品，消费体验良好，愿意继续在这个直播间消费。

（4）用户在其他渠道购买过该品牌的商品，恰好看到直播间在销售这款商品，就进去看看，结果发现直播间的价格比其他渠道低，就尝试在直播间购买该商品。

可见，用户进入店铺直播间并不是盲目的，而是有一定的商品消费需求，对店铺直播间也有一定的信任。这也意味着，相对于认同主播，店铺直播间的用户更信任的是商品本身，如商品的品牌、商品的销售渠道等。

基于这样的用户特点，做店铺直播的运营时，运营者需要做好用户分析和用户定位，具体包括以下几个方面的内容。

（1）确定不同范围的用户群

运营者需要了解店铺用户群的范围，包括核心用户群、一般用户群和潜在用户群等。

其中，核心用户群是指已经回购过的用户群体；一般用户群是指购买过一次的用户群体；潜在用户群是指有可能购买店铺商品的用户群体。一般情况下，潜在用户群的范围可以从对核心用户群和一般用户群的特点分析中得出，如性别、年龄、职业、兴趣偏好、收入等。例如，如果一个店铺的核心用户群是一线城市的 20～30 岁的职场人士，那么，运营者就可以考虑店铺的潜在用户群是否可以扩展到二线城市、三线城市，年龄段是否可以扩展到 20～40 岁甚至 20～50 岁，等等。而随着潜在用户群范围的扩大，运营者还应考虑如何设计差异化的商品包装和图文广告，以吸引潜在用户群的注意。

（2）了解用户群的使用习惯

一个特定的人群往往有一种普遍的生活习惯，包括工作习惯、作息习惯、娱乐习惯等。运营者要了解用户群的生活习惯，找出用户观看主流内容平台的使用习惯，具体涉及以下内容：用户经常使用的短视频 App 是什么；用户是如何使用微博、微信、小红书、豆瓣、知乎等 App 的；如果用户经常使用的短视频 App 是抖音，那么用户经常在什么时间使用抖音，使用抖音时更容易被哪些内容吸引；等等。

（3）提前多方位"种草"

对于用户群，运营者需要提前通过多种方式使"种草"内容触达用户。

如果用户经常使用微博，运营者可以通过微博来宣传商品、设计商品抽奖活动；如果用户经常使用小红书，运营者可以在小红书写"种草"笔记；如果用户经常使用知乎，运营者可以去商品所属品类的相关问题下做商品测评类的图文回答；等等。

▶▶▶ 4.1.2 店铺直播间引流短视频的创作要点

在充分了解用户需求的基础上，运营者可以创作能吸引用户注意的店铺直播间引流短视频。创作店铺直播间引流短视频时，需要注意以下几个要点。

1. 与用户相关

用户关注的多是自己感兴趣的东西，而用户感兴趣的东西首先是跟自己有关的——跟过去的经历有关、跟现在的需求有关、跟未来的愿望有关。引流短视频需要从这 3 个角度来创作，可参考的内容主题如下。

（1）跟过去的经历有关

过去的经历往往包括生活、情感、学习、职场、人际关系等方面。

（2）跟现在的需求有关

现在的需求可以从现在的生活、日常等方面进行设计，迎合用户"期望遇到知音"的心理。

（3）跟未来的愿望有关

很多人未来的愿望都是生活上自由自在，情感上和谐相处，学习上有所得、有所用，工作上被肯定、升职加薪，等等。

运营者结合以上几个主题，分析并细化商品的特性，往往就能找到一个有吸引力的切入点，在吸引用户注意的同时，在一定程度上展示商品。

2. 新奇有趣

用户总是会被新奇有趣的东西吸引。如果说其他类型的短视频需要有十分的新意才能吸引用户注意，那么，店铺直播间引流短视频只需要有三分的趣味就能吸引用户的注意。这是因为，用户对商品、店铺往往没有什么情感层面的期待。例如，抖音账号"蜜雪冰城"凭借卡通形象的趣味短视频（见图 4-1）收获了大量粉丝。

图 4-1 抖音账号"蜜雪冰城"的趣味短视频

当然，在创作能力充足的情况下，还是要尽可能地增强短视频的趣味性。一方面，一个短视频平台上能满足用户好奇心的内容非常多，用户可能会被店铺的趣味短视频一时吸引，但不会因此而长期关注店铺发布的内容；另一方面，一个品牌找到一种有趣的短视频创作方式，一旦取得成绩，其他品牌就会快速模仿，这类内容的短视频就会因为"供应充足"而缺乏新意，变得乏味，用户对店铺账号的好奇心就会逐渐减少乃至消失。

3. 有独特价值

店铺直播间引流短视频要尽可能为用户提供一些独特的价值，比如收藏价值和分享价值。要实现这样的价值，运营者需要多考虑短视频对用户的作用和意义，比如用户看了短视频能学会什么技能，了解什么事情或者想明白什么道理。用户如果通过观看短视频感受到这些价值，就会进行点赞和收藏，甚至关注店铺账号，成为店铺的粉丝。而用户成为店铺的粉丝就意味着，用户会再次光临，希望再看到店铺的短视频，不管店铺账号发布的是趣味内容还是商品广告，用户都不会有抗拒心理。

如何创作有独特价值的店铺直播间引流短视频呢？很多行业的品牌店铺都是行业内的专家，掌握着行业内的独特知识。将这些知识通过短视频分享出来，就容易获得用户的信任和认可。例如，自行车品牌"永久"在抖音开设的账号"永久旗舰店"，发布了一些展示自行车选购、安装、调节等方面的知识类短视频（见图 4-2），满足了骑行爱好者和自行车用户对这类知识的需求。

图 4-2　抖音账号"永久旗舰店"发布的知识类短视频

想要为店铺直播间创作知识类短视频，运营者需要找到能分享专业知识的人，先将知识拆解，再将这些知识以巧妙有趣的方式分享出来，并尽可能给出自己的观点。越是有自己观点的内容，一旦获得用户的赞同，就越容易"圈粉"。

通常情况下，一个有独特价值的账号，往往是一个内容高度垂直的账号，可以吸引对某个垂直领域知识感兴趣的用户。这些用户一旦认可账号所发布的内容，就会认可账号。此时账号再发布"种草"内容，也容易得到用户的认可。因此，开设店铺类账号时，除了开设一个经常提供"品牌＋娱乐"内容的账号外，还可以为一些有知识需求的理性用户开设一个知识分享类的垂直账号。

4．视觉表现丰富

视觉表现丰富的短视频画面极具美感。这样的短视频，即使使用常规的主题、简单的内容和朴实的文案，其画面具有的强烈视觉刺激也能在一瞬间就抓住用户的注意力，赢得用户的好感。例如，抖音账号"想念官方旗舰店"发布的麦田短视频的视觉表现就十分丰富，如图 4-3 所示。

图 4-3　"想念官方旗舰店"发布的麦田短视频

4.2 "达人"直播间人设短视频的创作

不同于店铺直播对用户的吸引力主要在于商品本身，"达人"直播对用户的吸引力主要在于主播个人。这也意味着，吸引用户进入"达人"直播间的引流短视频，其实就是为主播打造人设的短视频。

▶▶▶ 4.2.1 "达人"直播间的用户特点

不同类型的"达人"直播间的用户主要有以下几个特点。

（1）粉丝型用户

粉丝型用户在"达人"直播间的行为主要受"好感"驱使：我喜欢主播，才会去看主播的直播；我相信主播，才购买直播间的商品；我觉得主播不会骗我，只要价格不太离谱，我都愿意在直播间购买商品，而不是在别的直播间或者别的平台买。

不管是在直播间内还是在直播间外，作为"达人"的主播都需要与粉丝型用户建立起情感连接，以强化粉丝群体的认同感和价值感，形成稳定的"达人—粉丝"情感关系，获得粉丝的长期支持。

（2）旁观型用户

"达人"往往拥有一定的知名度，知名度越高，其拥有的旁观型用户就越多。旁观型用户是被"达人"的知名度、才能、人气吸引成为旁观者的。而旁观型用户一旦被吸引进直播间，就可能在直播间购买商品，如果购买体验良好，他们就可能回购，回购次数多了，他们就会变成粉丝型用户。因此，从某种程度上看，"达人"直播间账号所发布的人设短视频，就是为了赢得旁观型用户的注意和好感，吸引旁观型用户进入直播间。

（3）挑剔型用户

一个"达人"会获得一群人的支持，同样也会遭到另一群人的质疑。质疑者会有意或无意地进入"达人"直播间，成为直播间的挑剔型用户。而挑剔型用户也是会发生转变的。在"达人"直播间，挑剔型用户可能会带着半信半疑的态度去尝试购买商品，如果对收到的商品不满意，他们可能会立即投诉、退货、给差评。但是，如果消费体验比预期好，他们很可能会放弃自己的挑剔型用户身份，转而成为旁观型用户，尝试购买第二次、第三次，直至成为粉丝型用户。

每个"达人"都可能遇到各种挑剔型用户，但也都有机会用好的商品和服务改变挑剔型用户的态度。

不同的用户会被不同的内容吸引。粉丝型用户喜欢主播多展示能让他们感到"骄傲""没有粉错人"的个性化内容，比如能够体现积极的、上进的、善意的、正直的、尊重的、谦虚的、有才华的等美好品性的言论、行为和成就；旁观型用户喜欢看到有独特价值的内容，独特价值可以是商品层面的，比如更高的性价比、更好的品质、更有美感的包装等，也可以是短视频内容层面的，比如更独特的创意、更幽默的剧情表演等；挑剔型用户需要的是较为实际的内容，比如周到的服务、贴切的商品讲解、有用的选购建议、更优惠的价格、更多的赠品等。

运营者需要为不同的用户创作不同的人设短视频内容。例如，粉丝型用户容易被情感化的内容吸引；而挑剔型用户是"务实"的，为其创作情感化的内容会适得其反。

▶▶▶ 4.2.2 "达人"直播间人设短视频的创作要点

为"达人"直播间创作人设短视频时，需要先做好主播的人设定位，再围绕人设定位来设计短视频的内容类型等。具体操作方法如下。

1. 人设定位

人设定位即确定主播在短视频中的角色与形象。人设是基于现实人物设计的，但又不同于现实人物。一般而言，给主播进行人设定位需要回答以下几个方面的问题。

（1）人设的年龄是多少岁？

年龄决定了主播扮演的角色。例如，40 岁左右的男士可以打造行业专家的人设；30 岁左右的女士适合打造兼顾家庭和事业的职场妈妈人设；25 岁左右的男士和女士可以打造喜欢工作也喜欢享受生活的职场新人人设。

（2）人设的职业是什么？

职业应根据人设的年龄和直播内容而定。例如，主播的年龄是 25 岁，直播间主要销售的商品是大众零食，那么可以考虑的人设的职业是有两三年经验的办公室职员，个人爱好是吃零食，人设短视频内容可以设计为零食测评、零食新品尝鲜等。

（3）人设的日常活动地点是哪里？

如果人设的职业是办公室职员，那么其通常的活动地点是家、工作单位及上下班的路上。人设短视频的主要场景也应该限定在这3个地点。

（4）人设的性格特点是什么？

例如，机灵、憨厚、贪玩、勤奋、慵懒、上进等，具体可以结合主播的个人特点和想要表现的形象来选择。

（5）人设的优点和缺点是什么？可以表现在哪些方面？

需要谨记过犹不及，优点的另一面往往是缺点。例如，工作积极上进的人的优点是自律、自控能力强，缺点可能是对他人比较严格；憨厚性格的人的优点是踏实、勤恳，缺点可能是不够灵活、遇事不会变通，等等。

（6）人设有什么独特的爱好？

这个爱好需要依据现实情况而定。如果人设的爱好是正面的、积极的，且与外在形象有比较大的反差，那么，爱好可能会成为人设的"圈粉"工具。

（7）人设的老师、朋友和对手都是谁？这些人为什么会成为他的老师、朋友和对手？老师、朋友和对手有什么特别之处？

有时候，老师、朋友和对手也有可能因为拥有主播人设所缺乏的性格特点而"出圈"。

2. 人设短视频的内容类型设计

确定主播的人设后，就可以根据主播的个人特点、人设特点进行人设短视频的内容类型设计。例如，主播擅长角色表演，就可以创作故事类型的人设短视频；主播的人设特点是能言善辩，那么可以尝试创作脱口秀类型的人设短视频；主播的人设特点是心灵手巧、善做手工，或者拥有一些独特的技能，如化妆、绘画、摄影、演奏乐器等，就可以尝试创作相关的技能类人设短视频（见图4-4），分享相关的技能经验；等等。

3. 人设短视频的整体设计

用户每天观看的短视频不计其数，每条短视频之间也可能没有什么关联。在这样的大背景下，一条人设短视频要想给用户留下深刻的印象，不能只依靠主播在人设短视频中谈论的观点，而更要依赖于这条人设短视频给用户的整体感觉。

图 4-4　技能类人设短视频

主播在人设短视频中谈论一个观点，展现的不仅是其观点，还有外表、个人影响力、话语、场景及背景音乐。因此，人设短视频中的主播作为出镜人员，不仅需要考虑自己要讲什么内容，还需要考虑如何用外表、话语、肢体语言及背景音乐让人设短视频的整体感觉更好，逐步优化，形成自己的风格，从而让人设短视频能瞬间吸引用户，赢得用户的好感。

4．持续输出优质的内容

打造人设并不是几条短视频或几十条短视频就可以实现的，运营者要持续发布能够展现主播人设的优质短视频。在这些短视频中，主播作为出镜人员，所表现出的思维方式、行为模式、价值观、知识素养和外在形象都要统一。

例如，抖音账号"朵家美食"发布的短视频中，主要出镜人员的服饰、妆容、语言，以及食谱、烹饪食材、烹饪器具等的风格都是唯一的，如图 4-5 所示。

图 4-5 抖音账号"朵家美食"发布的短视频

5. 与用户互动,建立情感连接

"达人"主播的价值基础是粉丝。即使只是发布人设短视频,达人主播及其团队也需要通过各种方法与用户进行互动,比如在评论区回复用户评论等,以拉近主播与用户之间的距离,吸引用户成为粉丝。

在拥有一定量的粉丝后,"达人"主播团队需要为主播建立粉丝群,并做好粉丝群的运营。运营粉丝群时,主播需要经常在粉丝群内与粉丝进行诚恳沟通。主播粉丝群的规模越大,粉丝的"自豪感"越强,粉丝的黏性越强,主播的个人影响力也就越大。

4.3 "带货"直播间"种草"短视频的创作

"带货"直播的运营目标是促成用户对商品的购买。为了更好地实现这一目标，在进行"带货"直播之前，需要做好商品的"种草"。所谓"种草"，是指将品牌和商品信息融入内容中并影响用户认知和选择的过程。而短视频作为一种内容表现形式，具有天然的"种草"能力。

短视频占据了大量用户的碎片时间，用户观看短视频，不仅会看趣味化的内容，还会看很多各行各业的商品知识，有意或无意地获取消费决策信息，了解品牌信息、商品信息甚至购买渠道信息，然后做出自认为理性的消费决策。

▶▶▶ 4.3.1 "带货"直播间的用户特点

用户在"带货"直播间产生购买行为之前，往往已经通过某些渠道了解了一些商品信息。也就是说，用户已经被提前"种草"了。"种草"可能基于过去的使用体验，可能基于朋友的推荐，可能基于店铺内的用户评价，也可能基于其他平台上的真人推荐或者"达人"推荐。一般而言，因自己的使用体验和朋友的使用体验而产生购买行为是基于信任，因陌生人的使用体验或推荐而想要购买某个商品则是因为推荐内容迎合了其消费需求。

用户进入"带货"直播间后是否会产生购买行为，主要受以下几个因素的影响。

（1）用户提前获取的商品信息

用户习惯在各内容平台获取商品信息，并进行多方验证。为此，运营者可以使用多种方法创作"种草"短视频，在不引起用户反感的情况下将商品信息呈现在用户面前。

例如，对于新品而言，在直播间上架之前和上架初期，运营者可以与合适的"达人"合作创作优质的短视频，从新品的功能、使用场景、所用材料、技术创新、消费理念等不同维度向目标用户介绍商品，并在目标用户聚集的平台为新品设计讨论话题，从而为后期的直播间"带货"做铺垫。

以抖音 2021 年"爆款"新品"阿尔法蛋词典笔 T10"为例，该商品上市之初，除了品牌自播之外，商家还邀请了亲子类、测评类、教学类等多种类型的短视频创作者创作"种草"短视频。

（2）用户在直播间对商品的感性认知

用户在观看直播时，容易受到感性场景的影响。主播在直播中展示品牌调性和商品特点时，需要尽可能地给用户带来更强的感官体验，给用户留下积极的印象。例如，"桃李食品旗舰店"直播间的主播在介绍某款夹心蛋糕时，会展示蛋糕内的馅料，同时进行口味、用料、口感的解说，如图 4-6 所示。

图 4-6　直播间介绍某款夹心蛋糕时进行的馅料展示

（3）主播对商品专业知识的介绍

用户会被专业的内容说服。用户进入直播间后，主播可以通过技术科普、商品小实验、成分比对、使用攻略等专业且有深度的内容来获得用户的信任。

（4）用户对直播间销售资格的认知

在直播间，主播还可以通过向用户证明销售渠道的可靠性，比如展示品牌授权书等来打消用户的购买疑虑。

▶▶▶ 4.3.2　"带货"直播间"种草"短视频的创作要点

创作"带货"直播间"种草"短视频的目的是增强用户对品牌、品类及特定销售渠道（特定直播间）的好感，从而促使用户做出消费决策。"种草"短视频的创作需要依照用户对信息的需求进行。

1. 不同行业的"种草"短视频内容创作

不同行业有不同影响用户消费决策的方法，所以不同行业的"种草"短视频内容不同。

（1）电子商品类

用户关于手机、计算机、数码相机及其周边商品等电子商品的消费决策，并不是在短时间内做出的。电子商品属于长决策的、谨慎消费的品类，需要通过大量的品牌教育、品牌话题、商品话题曝光、商品的细节测评、商品的使用攻略等内容宣传，将品牌和商品信息植入用户内心，这样才能在用户需要购买该品类商品时，获得被用户选择的机会。例如，小米品牌的手机新品刚发布，抖音上就有诸多"达人"为其创作新品测评类短视频，如图4-7所示。

图4-7 手机新品的测评类短视频

（2）食品饮料类

食品饮料类商品单价比较低，属于短决策的、冲动消费的品类。对于品牌来说，如果注重短期的销量，就可以选择短时间内集中曝光商品和品牌，以增强用户对品牌的记忆和品牌的影响力；如果注重长期的销量，就需要关注品牌的口碑，用独特的价值、专业的知识来打造品牌的调性，增强用户对品牌的黏性。

例如，抖音账号"洽洽食品"根据其主营的坚果品类创作了一系列有趣的科普类短视频，如"开心果为什么叫开心果""葡萄干到底有几种颜色""核桃为什么长得像大脑""瓜子是如何成为年味儿代表的"等，如图 4-8 所示。

图 4-8　抖音账号"洽洽食品"的科普类短视频

（3）美妆个护类

美妆个护类商品能否被"种草"，品牌的影响力在其中起着关键的作用。在大多数用户看来，有影响力的品牌意味着科研能力强，使用效果有保障。因此，对于美妆个护类商品，针对其科研能力、品牌力、成分配比、使用体验等理性方面的内容传播，更容易打动用户。

例如，抖音账号"巴黎欧莱雅"发布的一款护肤品的使用体验测试短视频，如图 4-9 所示。

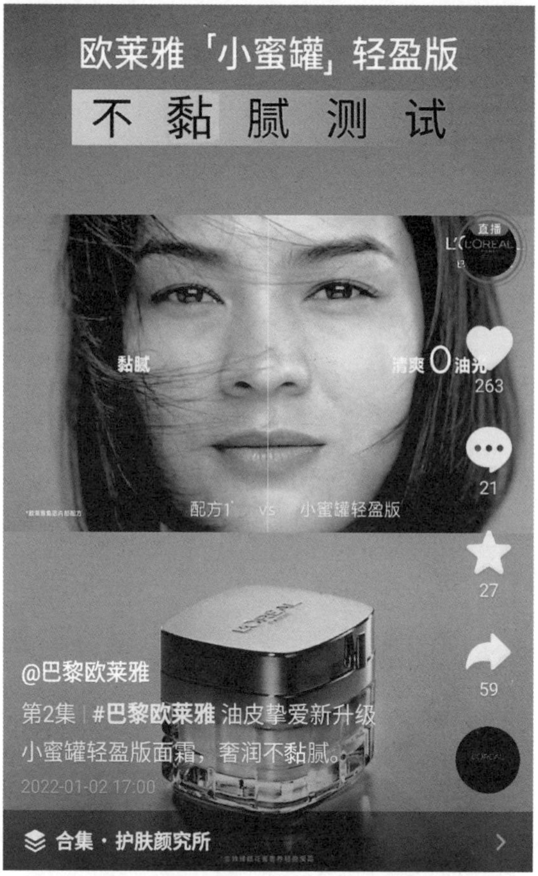

图 4-9 护肤品的使用体验测试短视频

不过，由于美妆个护类商品的用户主要是女性，包装设计、香味、时尚感、广告创意、代言人等影响用户情感的内容也会影响其选择。

2. 不同消费阶段的"种草"短视频内容创作

对于目标用户来说，不同消费阶段需要由不同的"种草"短视频来引导。

（1）行业领域知识科普

当用户没有明确的购买需求时，运营者可以通过行业知识科普问答、商品使用场景展示或者联合"达人"、KOC 进行品类购买榜单推荐（见图 4-10），将商品"埋伏"在短视频中，对潜在用户进行无意识的"种草"。

（2）品类测评推荐

当用户对某一品类有消费需求时，运营者可以邀请"达人"、KOC 用专业内容进行品类测评，如图 4-11 所示。

图 4-10　品类购买榜单推荐短视频

图 4-11　品类测评短视频

（3）性价比品牌推荐

　　当用户进入即将购买阶段，运营者可以邀请 KOC 和其他普通消费者分享自己的亲身经验，突出品牌在性价比方面的优势，为用户进行精准推荐。例如，某款扫地机器人的使用体验分享短视频，如图 4-12 所示。

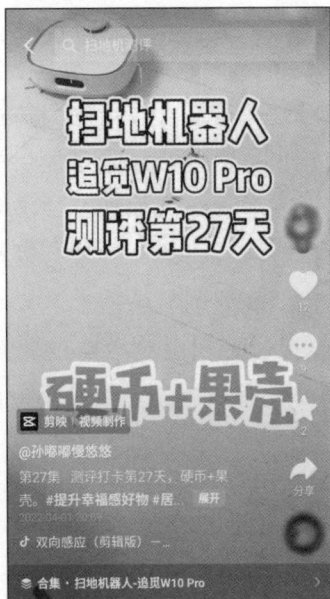

图 4-12　某款扫地机器人的使用体验分享短视频

3. 品牌成长的不同阶段的"种草"短视频内容创作

在品牌成长的不同阶段也需要创作不同的"种草"短视频内容。

（1）品牌起步期

品牌起步期需要尽快获得品牌曝光、快速吸引用户的注意，并获取大量"种子用户"，以助力品牌快速起步。因此，这个阶段的"种草"短视频就需要品牌把营销预算的80%放在各个平台的主推商品"种草"上，以培养和维护"种子用户"，引导"种子用户"转发和推荐。

例如，某彩妆品牌刚进入市场时，就与淘宝知名主播合作，该主播经常在其直播间推荐这个品牌的商品。同时，该主播在抖音橱窗内也上架了该品牌的几款主推商品。借助该主播的宣传，这个品牌迅速在彩妆市场上占得一席之地。

（2）品牌成长期

在品牌成长期，品牌已经完成了用户的初步积累，需要开始注重品牌口碑运营，同时要着力完善品牌形象，增强用户信任。品牌可以在抖音、快手等平台建立账号，持续输出与品牌、商品、行业、企业形象相关的优质短视频，以打造良好的品牌口碑和品牌形象，为短视频平台用户留下良好的品牌印象。这样，随着品牌影响力的扩大，品牌口碑如果运营良好，就可以助力品牌的销量实现爆发式增长。

（3）品牌成熟期

在品牌成熟期，品牌已经拥有较大规模的用户群，销量也趋于稳定。此时，品牌需要开始塑造差异化品牌价值，除了提供旗下商品的基础功能外，还需要研发新的独特功能，以增强商品的独特性。同时，品牌还需要做好品牌忠诚用户的维护。因此，这个阶段的"种草"短视频，重点在于独特功能的价值探讨。讨论度越高，品牌的创新价值也越大。例如，关于人工智能语音助手"小爱同学"的功能探讨短视频包括用户与"小爱同学"的搞笑对话，"小爱同学"与"天猫精灵"的趣味对话，与"小爱同学"玩"猜人物"游戏（见图4-13），等等。

此外，需要注意的是，短视频一定要推荐给合适的用户。短视频内容不同于图文内容，不容易让用户从中迅速找到对自己有用的关键信息。图文内容一时没看完,用户可以通过搜索记忆中的关键词将相应内容找出来继续看；但短视频内容不同，用户如果出于各种各样的原因没看完短视频就将其关闭或者"划"走了，即使后面想看，也不容易找到。而且，一般情况下，用户对"划"走的短视频，不会再找回来看。

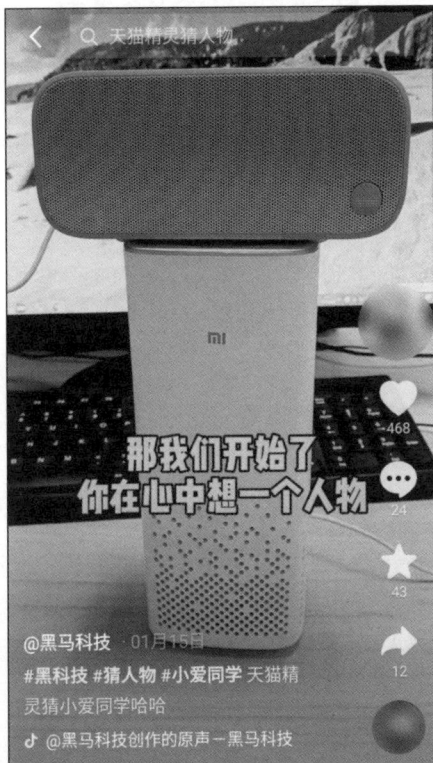

图 4-13 与人工智能语音助手玩游戏的短视频

因此，短视频的推荐匹配非常重要。要将短视频推荐给可能感兴趣的用户，不宜推荐给平时便对此品类不感兴趣的用户。

4.4 活动直播宣传短视频的创作

活动直播在此主要是指对企业举办的各种讲座、峰会、发布会等商业活动进行的直播。在活动直播间，营销的并不是实物商品，也不是普通的虚拟商品或者服务，而是品牌影响力。活动直播主要是凭借企业品牌、知名人士来聚集人气。参与活动直播的品牌的知名度越高，直播中的演讲嘉宾的名气越大，活动主题越符合核心用户的期待，活动直播被各种媒体关注的程度就越高，活动的影响力就越大，越容易吸引用户观看。

▶▶▶ 4.4.1　活动直播间的用户特点

活动直播的一个运营目的是吸引目标用户的注意。不同类型的活动直播间，有不同的目标用户。

例如，以新品发布会为主要内容的活动直播，需要吸引大众的注意，观看者越多越好；以行业交流为主要内容的活动直播，需要吸引的是行业内人士的注意，对于行业外人士则不必过多考虑；而以分享某个领域知识为主要内容的活动直播，则需要尽可能得到更大范围人群的关注，以获得更大的流量和商业价值；等等。

不管是什么类型的直播间的用户，都有目标用户和普通用户之分。不同于普通直播，活动直播的内容不是碎片化的，而是富有逻辑和连贯性的，甚至整场活动都是围绕一个大主题设计的。为了尽可能让更多目标用户关注活动直播信息、观看活动直播、在活动直播间停留，不管是策划活动直播的主题还是为活动直播创作宣传短视频，都需要优先考虑目标用户的需求，在满足目标用户需求的基础上，再尽可能地吸引其他普通用户的注意，以提升活动直播的影响力。

▶▶▶ 4.4.2　活动直播宣传短视频的创作要点

一场完整的商业活动直播一般包括 4 个阶段：活动直播前的预热、活动直播的开播、活动直播后的二次宣传、后续的口碑承接与流量转化。其中，活动直播前的预热决定了活动直播的开播效果，活动直播的开播及活动直播后的二次宣传决定了后续的口碑承接与流量转化。因此，虽然活动直播过程本身只有 2~4 个小时，但要让一场活动直播实现口碑量、用户量和销售量三重目标，仅仅是围绕活动直播所做的前期和后期的宣传，都可能要持续半个月。

活动直播宣传短视频也需要根据具体用途从不同的角度进行创作。

1. 用于活动直播前预热的宣传短视频的创作要点

用于活动直播前预热的宣传短视频，主要有以下几种类型。

（1）活动预告式短视频

活动预告式短视频即简短的预告片，这是一种很好的活动宣传方式，可以起到预热的效果。

活动预告式短视频的核心内容要满足目标用户的心理需求，以引发他们对活动的期待。制造期待的预告方法主要有3种，一是提出核心的、独特的理念；二是提出关键的问题，制造悬念以引人观看；三是讲述活动的正向意义，以塑造观看价值。

（2）"大咖"轮流推荐式短视频

"大咖"轮流推荐是举办线下活动比较常用的宣传方式。线上的活动直播也可以使用这种方式进行宣传。线上活动直播大多和线下活动一样，会邀请几位有影响力的"大咖"。在确定邀请名单后，运营者可以邀请"大咖"录制一些宣传短视频，这些短视频经过剪辑后，即可作为直播前的宣传短视频。

当然，对于活动直播而言，不仅可以有活动前的"大咖"宣传短视频，还可以有活动后的"大咖"宣传短视频。"大咖"推荐短视频可以用作活动前的宣传短视频，而活动现场的"大咖"采访则可以剪辑作为活动结束后的宣传短视频。在整个宣传期，活动直播账号发布的与"大咖"相关的宣传短视频，可以吸引"大咖"原本的粉丝观看、点赞甚至转发。

（3）主推商品的亮点展示短视频

对于类似于新品发布会的活动直播，可以距离活动开播前3天，逐渐曝光主推商品的亮点。例如，在开展手机或者笔记本电脑品类的新品发布会直播前，运营者可以利用新品的更轻、更薄、更长的续航时间、更高的配置、更多的使用场景、更好看的外观、更高的性价比等特点来创作亮点展示短视频（见图4-14），吸引用户关注新品，同时提醒用户注意开播时间，邀请用户观看活动直播。

（4）多样化的福利预告短视频

预告活动直播间福利是用利益点来激发用户的观看兴趣。在活动直播间，相对于形式单一、低价值且高门槛的福利，以用户参与活动直播互动为门槛设计的多样化的福利，比如预约活动直播并留言得礼物、在活动直播间评论得红包等，更能够调动用户的积极性。

图 4-14 新品发布会前的亮点展示短视频

此外还需要注意,预热短视频的发布时间距离活动开始的时间不宜过长,因为太长的预热期容易让用户在等待中失去兴趣。即使预热期有足够多的宣传素材,整个预热期也不要超过 2 周。具体可以参考这样的时间设计:若是每半年举办一次的活动直播,可以提前 1 周开始发布预热短视频;若是以年度为周期举办的活动直播,如周年庆、年会等,可以提前 2 周发布预热短视频;而对于每月或者每季度举办的活动直播,提前 3 天预热即可。

2. 用于活动直播后二次宣传的短视频的创作要点

活动直播结束后的宣传短视频,可以从以下几个角度来创作。

（1）活动的亮点剪辑

一场活动直播要有一个突出的亮点,以便用户因为这个亮点而记住这场活动直播。例如,主播或者嘉宾在活动直播间说了一句口口相传的金句,讲了一个让人共情的故事,两位较有名气的"大咖"在活动直播间展开了一个小辩论，等等。在活动直播结束后，将亮点部分剪辑成短视频进行二次宣传，就能引发用户对这场活动直播的后续讨论，提高这场活动直播的曝光度。

（2）"大咖"的演讲片段

活动直播中的"大咖"的演讲片段也可以做成短视频进行二次宣传。在实际操作中，需要对"大咖"表达自身核心观点的演讲片段进行编辑整理，可以用"观点＋现象＋解释说明"的形式，制作成逻辑清晰、观点简单明了的短视频。这样的短视频能让用户感觉"大咖"说的有道理而记住直播活动，有助于提升直播活动的口碑，为后续的转化奠定基础。

（3）总结类短视频

活动直播运营者可以将一场活动中的精华内容提炼出来，制作成"1分钟看完××活动""1分钟带你了解××活动说了什么""1分钟看完××新品发布会"等短小精悍、利于宣传的短视频（见图4-15）。将这样的短视频发布在多个平台上，可以扩大活动的影响力。

图4-15 活动直播结束后的总结类短视频

此外要注意，二次宣传非常注重时效性。活动直播当天和结束后的第二天，是二次宣传的最佳时机。在这两个时间，运营者需要将所有用于二次宣传的短视频发布出去。如果错过这个时间，这些短视频可能就会因为缺乏时效性而不再有传播价值。

思考与练习

1. 简述店铺直播间引流短视频的创作要点。
2. 简述"达人"直播间人设短视频的创作要点。
3. 简述"带货"直播间"种草"短视频的创作要点。
4. 简述用于活动直播前预热的宣传短视频的创作要点。
5. 简述用于活动直播后二次宣传的短视频的创作要点。

第5章

不同类型短视频账号的直播模式

【学习目标】
➤ 了解知识类短视频账号的直播模式。
➤ 了解幽默类短视频账号的直播模式。
➤ 了解少儿类短视频账号的直播模式。
➤ 了解文化类短视频账号的直播模式。
➤ 了解旅游类短视频账号的直播模式。
➤ 了解生活类短视频账号的直播模式。
➤ 了解店铺类短视频账号的直播模式。
➤ 了解运动类短视频账号的直播模式。

大多数的短视频账号在拥有一定的粉丝之后，运营者就可以借助这些粉丝的支持开展直播，通过直播来实现流量变现。不同类型的短视频账号，有不同的直播模式。本章将针对8类短视频账号，从短视频账号的用户分析、直播间的风格定位、直播间的主播人设定位、直播间的商品类型4个角度来讲述不同类型短视频账号的直播模式。

5.1 知识类短视频账号的直播模式

知识类短视频账号即主要发布知识内容的短视频账号。在当前的短视频平台中，传播各行各业知识的短视频账号很多，其粉丝数量增长很快，粉丝黏性也很强。这是因为短视频的创作门槛比较低，任何一个有行业知识的人，都可以在短视频平台分享自己的知识；而从用户的角度来看，短视频本身直观且生动的表现形式，让知识的获取变得更为容易，因而他们喜欢观看这些短视频并向熟人分享。

那么，知识类短视频账号的直播模式是怎样的呢？

▶▶▶ 5.1.1　知识类短视频账号的用户分析

知识类短视频账号的用户有以下几个特点。

1. 希望用轻松的方式学到有用的知识

用户观看知识类短视频，是为了利用碎片时间学到一些有用的知识。但是，由于用户观看短视频依然是偏向于找乐趣的，而且是在休闲时段观看的，逻辑性强、信息量大、需要认真思考的知识也就不适合被直接制作成短视频。用户虽然愿意以碎片化的方式获取知识，愿意关注知识类短视频创作者，但并不愿意接受短视频中的长篇大论。短视频创作者需要将知识"打碎"，分解成一个个独立的小知识点，配上有趣的表现方式，将其浓缩在一个简短的短视频里，让用户在无压力的状态下轻松地学到知识，这样才会得到用户的认可和支持。

2. 对知识的需求是变化的

随着用户知识量的增长，用户可能会因为某个契机了解了另一个领域的知识，从而对另一个知识领域感兴趣。例如，用户原本被职场沟通知识吸引，了解了一些职场沟通知识后，突然开始对某位历史人物感兴趣，转而开始关注讲解历史人物、历史事件的短视频账号。短视频创作者虽然无法迎合每位用户的知识需求，但知识类短视频需要定期更新，定期升级，甚至需要进行适当的延伸和扩展，以达到与时俱进，让用户觉得自己所"粉"的短视频创作者博古通今，站在领域前沿。一旦得到这样的认可，知识类短视频创作者就可以发展成为知识主播，为短视频账号的粉丝开直播，在向粉丝分享有深度的知识的同时，通过直播实现流量变现。

3. 对短视频创作者不会始终信任

喜欢观看知识类短视频的用户可能会对很多领域的知识感兴趣，他们可能喜欢接受广泛的知识。他们关注的知识类短视频创作者可能有很多个，甚至会关注同一个领域的多个短视频创作者，以了解更多的知识。然而，这并不意味着这些用户是这些短视频创作者的粉丝，会长期支持这些短视频创作者。相反，他们在经过一段时间的知识积累后，就会判断哪些短视频创作者是可以继续关注的，哪些短视频创作者是需要取消关注的。能让用户继续关注的短视频创作者，自然是用户在过去一段时间内比较认可、未来还会信任的短视频创作者；而用户取消关注的短视频创作者，往往是因为不认同该短视频创作者在某条短视频里的某个观点，或者认为该短视频创作者的知识体系、知识输出方式不符合自己的期待。

因此，知识类短视频创作者一方面要输出有趣的知识，让用户学得容易；另一方面要持续更新自己的知识体系，及时输出最新的知识，让用户感受到关注的价值。

4．更在意观念看法的契合度

对于知识类短视频，用户会因为其中的一句话而点赞、关注账号；也会因为其中的一个观点或者一句话而取消关注。因此，短视频创作者在讲解知识时要注意用语的准确性、观点的正确性。

5．不喜欢"跟风"购买，会被商品的独特价值吸引

在休闲时间依然对知识类内容感兴趣，尤其是对有较高门槛的专业知识感兴趣的用户，大多有比较强的消费能力，但这类用户由于本身已经拥有一定的知识积累，不会轻信普通的商品介绍，也不喜欢"跟风"购买。一般而言，逻辑清晰、有理有据地展示商品的独特价值，对他们会更有说服力。

▶▶▶ 5.1.2　直播间的风格定位

知识类短视频创作者给人的印象往往是对某个垂直领域非常了解，是该垂直领域的专家。为了强化这一印象，直播间的风格定位可采用以下方法。

1．以干货为核心

即使是以"带货"为目的的直播，主播（知识类短视频创作者）也需要尽可能输出相关的干货。因为知识类的主播本身就是靠干货来吸引用户的。主播只有输出足够多的干货，获得用户的认可，才可能促成转化。

2. 阶段化展示知识点

一场直播中的知识点不应该只有一个，主播要将一套知识"切碎"，分解成多个独立的知识点，每个知识点的展示都要有一个"开始—经过—结尾"的过程，或者遵循"问题—案例—结论"的逻辑，但展示时间不宜过长，要控制在5～10分钟。这样，中途进入直播间的用户不用等很久就可以听到一个完整的知识点，不会因为错过前面的内容而听不懂。

3. 列数据，图表展示

在介绍比较专业的行业知识、商品的功能原理时，主播应尽可能用数据、图表进行辅助介绍，让用户对所要介绍的知识一目了然。当用户觉得"我懂了""我弄明白了""有道理"时，用户就会放下戒心。

4. 正面答疑，不回避问题

不管是知识本身、行业相关内容还是直播间的商品，只要用户提出疑问，主播就要进行正面的解答，不推脱躲闪，也不巧言相辩，塑造专业诚恳的形象。

5. 添加趣味元素，打造轻松有趣的直播间

知识类直播间虽然需要输出专业知识，但不能生硬地用长篇大论直接展示知识，否则会让用户感到乏味。主播需要在直播间使用 PPT、实物道具、视频片段等工具更直观地讲解相关知识。同时，主播也需要在个人的服饰搭配、言语技巧和直播的福利环节等方面添加一些趣味的元素，通过增加直播间的趣味性，吸引用户长时间观看。

▶▶▶ 5.1.3 直播间的主播人设定位

知识类短视频创作者已经通过一系列短视频的输出为自己打造了专家人设——垂直领域的专家人设。因此，当知识类短视频创作者成为主播时，主播的人设自然也是垂直领域的专家。

垂直领域的专家，即拥有比普通人多得多的行业知识，拥有更多的见识、更高的格局、更广的洞察视角，并能长期、稳定且高频率地输出行业知识。其中，输出知识的方式也需要尽可能多样化，除了创作短视频之外，主播还可以通过发布文章、出版专业书籍、在大型活动中演讲等方式，尽可能增强

个人影响力，获得更多优质的、有黏性的粉丝。

换个角度看，如果一个主播想要打造垂直领域专家人设，至少需要通过创作短视频和发布文章两种方式来实现。

1. 创作简单易学的知识类短视频

用户喜欢的知识一般是简单易学的。要让复杂的知识在短视频中变得简单易学，就需要学会用标题来"抛钩子"，如"3 步教你……""一学就会""3 个技巧/方法"等，以吸引用户继续看下去。在设计内容时，也需要简化内容，将操作方法变成步骤。这样的标题和内容意味着无须长时间观看，无须费力模仿，就能掌握相应知识，用户自然也就愿意看下去。

2. 发布观点清晰的文章

要想打造垂直领域的专家人设，仅仅依靠短视频是不够的，还需要在主流的、支持图文内容的新媒体平台发布文章，比如在微博发布长文章、在微信公众号发布文章、在知乎发布专栏文章等。不同于短视频的简单明了，文章的特点在于能更有理有据地表达观点。观点明了、结构清晰、案例贴合实际的文章，往往能够快速让用户获得一些启发，从而认可文章作者的专业性，认可文章作者的专家人设。相对而言，高质量的文章更能快速吸引一批高质量的粉丝，这是依靠短视频不容易实现的。

▶▶▶5.1.4 直播间的商品类型

知识类主播的直播间所销售的商品，需要依照主播讲解的内容和粉丝需求来确定。

讲解专业知识的主播，其粉丝是希望学习专业知识的人，这些人往往有更高的知识学习需求。这样的直播间可以上架的商品主要是与专业知识相关的实物商品、虚拟商品，如图书、线下主题沙龙入场券、培训课程、付费型社群名额等。

讲解生活知识、商品知识的主播，其粉丝是信任主播的生活能力、商品挑选能力的人，这些人是主播的追随者，会尝试在实践中运用主播介绍的相关生活知识，也会积极尝试主播推荐的商品。这样的直播间可以上架经过团队测评、有设计感、功能丰富、好用的商品。

5.2 幽默类短视频账号的直播模式

幽默类短视频是非常受用户、平台和短视频创作者欢迎的短视频类型。从用户的角度来看，幽默类短视频一般是老少皆宜，能够快速抓住用户眼球；从平台的角度来看，幽默类短视频能在短时间聚集用户，从而实现用户规模的增长；而从短视频创作者的角度来看，在短视频中使用幽默的表达方式不但可以更为生动地表达观点，还不容易让用户感到厌烦，即使情节相似，通过不同出镜人员的演绎，也可以让用户有新鲜感。因此，不管是用户、平台还是短视频创作者，都在有意或无意地助推幽默类短视频的发展。

那么，幽默类短视频账号的直播模式是怎样的呢？

▶▶▶ 5.2.1 幽默类短视频账号的用户分析

幽默类短视频账号的用户群体非常广泛。几乎所有的短视频用户都喜欢看幽默类短视频，因为这类短视频会给用户一种好玩、减压的感觉。

相对来说，男性用户比女性用户更喜欢看幽默类短视频。以抖音账号"陈翔六点半"为例，飞瓜数据显示，其用户的性别分布为，男性用户占比约为70%，女性用户占比约为 30%；在年龄分布上，18～40 岁的用户占比约为 89.7%；而从用户活跃时间段来看，用户主要活跃时间段为 17:00—23:00。显然，幽默类短视频账号的用户群体更可能是有稳定生活习惯和工作习惯的青年群体，并且购买力较强。因此，幽默类短视频账号具有巨大的流量变现潜力。

用户喜欢观看的幽默类短视频主要有两种，一种是真人出镜的短视频，包括剧情演绎的短视频、自导自演的短视频、反转套路的短视频；另外一种是没有真人出镜的短视频，包括表情包相关的短视频、影视片段配音的短视频、动画形式的短视频。这些短视频虽然形式多样，但都有较多的幽默类元素，能让用户在观看时开心一笑。

▶▶▶ 5.2.2 直播间的风格定位

幽默类短视频中如果有出镜人员，那么出镜人员担任直播间的主播是非常合适的。用户由于习惯了短视频的幽默风格，自然也期望直播间是幽默有趣的风格，呈现这一风格的方法如下。

（1）在对话环节中加入趣味创意。主播可以从民间笑话、神话故事、评书等民间艺术中找到一些趣味内容，将其融入对话环节。

（2）通俗易懂的改编。通俗易懂的改编是将故事、笑话进行口语化的改编，这样能让用户感觉亲切，更容易体会故事中的幽默感。一种简单的口语化改编方式是尽可能让句子简短且精练，去掉冗长的成分，改编成家常话等表现形式。

（3）适当含蓄，加入言外之意。当一句含蓄的话语能让用户领会到其言外之意时，原本平淡的话语就会变得更容易让用户记住和回味。

（4）使用略显夸张的肢体语言，展示生动明快的形象。在直播间，主播的形象最好是生动明快的。而一个展现生动明快形象的有效方式是，在表现某些情绪或者心理活动时，比如表现惊讶、惊喜、感动等情绪时，使用略显夸张的肢体语言。

（5）使用灵活多样的语言。在直播间，主播可以通过使用同义近义、同音谐音、一词多义、语义对立等方式，或者运用方言、外语等，来打造幽默的直播间风格。

▶▶▶ 5.2.3 直播间的主播人设定位

在幽默风格的直播间，主播最适合打造的人设是"段子手"。在一场直播中，"段子手"一般应有两位。这两位段子手需要一唱一和，完美配合，并且需要达到以下表演要求。

（1）能够字正腔圆、不急不缓地讲故事。

（2）能用方言或者外语唱歌。

（3）能模仿一些用户熟悉的知名人物的言行。

（4）能扮演不同年龄、不同性格、不同职业的现实角色，表演符合其特征的内容，并能随着表演内容灵活变化语调、语气。

（5）能对一些事件进行有明确观点的幽默评论。

▶▶▶ 5.2.4　直播间的商品类型

直播间的风格是幽默的，需要主播"说段子"。因此，选择商品时，要尽量选择有话可聊的商品。这样，相较于仅介绍商品的功能和优惠，"聊商品"会更容易让用户接受。

由于这类直播间的用户主要是青年男性，结合这个群体的需求，直播间可以上架这些用户喜欢的商品，比如运动服饰、数码商品、虚拟商品等，这样更容易促成转化。

5.3　少儿类短视频账号的直播模式

少儿类短视频账号所发布的内容主要与少儿教育相关，比如少儿科普、少儿手工、少儿绘画、少儿体育等。少儿类短视频账号所发布的内容由于是免费、简单易学的，受到广大家长群体的喜欢。

那么，少儿类短视频账号的直播模式是怎样的呢？

▶▶▶ 5.3.1　少儿类短视频账号的用户分析

少儿类短视频账号的主要用户并非少儿，而是家长群体，大多是少儿的母亲，即青年女性群体。以抖音账号"小熊熊手工"为例，截至 2022 年 1 月，"小熊熊手工"有超过 830 万粉丝，而飞瓜数据显示，这个账号的女性粉丝占比超过 80%，男性粉丝占比不足 20%；从粉丝年龄分布来看，24～40 岁的粉丝占比约为 80%。

这样的粉丝结构并不难理解。观看这类短视频，可以帮助家长找到教养孩子的技巧和方法。

▶▶▶ 5.3.2　直播间的风格定位

少儿类短视频账号的主要用户是 24～40 岁已婚已育的青年女性。这个用户群体往往拥有较强的购买力和购买意愿。这类用户关注少儿类短视频创作者，多是为了更好地教养孩子。因此，这类短视频账号开直播，直播间的风格需要迎合这些用户的需求。

直播间的风格可以参考以下两种。

（1）以分享经验为主，"带货"为辅。以分享经验为主的直播间很容易让用户产生一种获得感。如果再配上一对一的交流环节，主播在直播间实时解答用户提出的问题，比如主播通过与用户"连麦"的方式为用户解决问题，就能快速得到用户的情感认同。在此基础上进行"带货"，就比较容易促成交易。

（2）以"带货"为主，分享经验为辅。以"带货"为主的直播间需要先做好选品工作，设计好优惠活动。这种风格在某种程度上可以理解为是在消耗通过短视频积累的用户的信任。如果选品工作没做好，这种信任一旦消耗完毕，用户就会一去不复返；而做好选品工作，给用户带来足够的实惠感，用户才不会觉得主播在消耗信任，才会继续支持主播。

▶▶▶ 5.3.3　直播间的主播人设定位

少儿类短视频账号开直播，往往是由短视频的出镜人员担任主播。由于出镜人员在短视频中经常分享少儿教育经验，因此，主播的人设可以设计为"知己型"。

知己型人设，具体而言就是扮演女性用户的"好闺蜜"、男性用户的"好兄弟"。知己型人设的表现是，能站在用户的角度根据用户的需求提供好建议。知己型人设的特点是与用户站在一起。基于此，拥有知己型人设的主播在直播间的言语风格、行为表现都需要跟用户保持一致。

知己型人设的主播在直播间的表现，可以参考以下几点。

（1）在直播间多谈论作为家长的经历和经验，如日常陪伴孩子、教养孩子的经历和经验。主播可以适当收集用户在孩子教育上遇到的问题、常见的处理方法及比较有用的另类处理方法。通过这些话题的讲解，主播可以快速拉近与用户之间的距离。因为家长是一个偏感性的群体，主播讲述作为家长的经历，分享得当的经验，自然能够赢得这些家长的信任。

（2）在语言表述上不宜过快或过慢。语速适当，尽量表现出主播的亲和力。主播在讲述一个话题或者介绍一款商品时，使用情感说服策略会比使用理性说服策略更有效。

（3）在穿着打扮上，不宜佩戴过多的饰品，主播的形象应简洁大方。

▶▶▶ 5.3.4 直播间的商品类型

少儿类短视频账号开直播，在直播间上架的商品可以考虑从以下两个角度来挑选。

（1）与短视频账号定位相符的商品。例如，少儿手工技巧类短视频账号开直播，可以上架一些好用的少儿手工制作材料；教授绘画技巧的短视频账号开直播，可以在直播间上架一些绘画工具类商品，如水彩笔、图画本、绘画类图书等，也可以上架绘画培训课程。

（2）用户群体可能会购买的其他商品。少儿类短视频账号直播间的主要用户是青年女性，这一群体喜欢在直播间购买的商品，除了孩子需要的相关学习工具之外，还有自己需要的商品、家庭需要的商品，如学习用品、有亲子理念的商品、居家装饰物等。以"小熊熊手工"直播间为例，其上架的商品如图 5-1 所示。

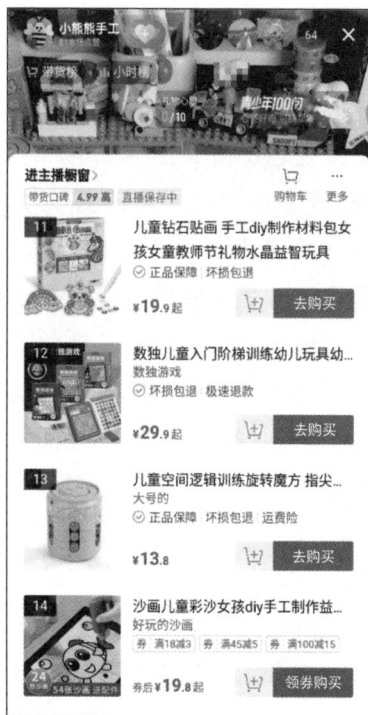

图 5-1 "小熊熊手工"直播间的商品

5.4 文化类短视频账号的直播模式

文化类短视频账号更容易凭借发布的优质内容获得用户的好评，因为这类短视频账号的运营团队往往是一个正规的文化单位。相对而言，这类短视频的制作门槛比较高，需要大量专业的演艺人员参与，并且对短视频的拍摄和剪辑有更高的要求。

这类短视频账号做直播，大多是为了广泛传播文化知识，而不是为了变现，其直播模式与其他短视频账号有所不同。

5.4.1 文化类短视频账号的用户分析

文化类短视频账号的用户在年龄、性别和地域上并没有明显的特征，不同年龄、不同性别、不同地域的用户都可能会对文化类短视频感兴趣。但就用户对文化的了解程度而言，文化类短视频账号的用户可以划分为两个类型：一类是已对此类文化有一定了解的用户；另外一类是对此类文化感兴趣但了解不多的用户。这两类用户对内容的需求是不一样的。

对特定文化有一定了解的用户，希望看到更为垂直的专业内容，他们对内容的逻辑性、严谨性、专业性要求较高，因为专业的、深度的内容才能给他们带来更多的获得感。

而对特定文化感兴趣但了解不多的用户，更想要通过观看这类内容来增加自己在该领域的见识广度，因而更喜欢覆盖范围广、表现形式多样且通俗易懂的内容。

5.4.2 直播间的风格定位

文化类短视频账号的直播间有以下两种类型。

一种是文化领域的访谈形式的直播间，这类直播间的风格应该沉稳、平静但又不乏趣味性。用户在看完直播后，能积累一定的文化知识。

另一种是展示文化内容的表演形式的直播间，直播内容包括音乐会、舞蹈比赛、戏剧节目、传统节日晚会等。用户在观看直播时，能获得丰富的感官体验。

》》》5.4.3　直播间的主播人设定位

文化类短视频账号直播间的主播拥有出众的交流能力和外表，更容易获得诸多用户的好感和支持。主播有时候不需要在直播时"带货"，但需要有自己的独特标签，比如知识丰富、思维灵活、能言善辩、幽默有趣、努力勤奋、才华横溢等，以形成自己的人设。

在直播间，主播并不是主要的出镜人员。例如，在访谈形式的直播间，根据话题的需要，会出现其他领域的名人作为嘉宾，此时主播更像是采访节目的主持人，主播的作用是使用恰当的话术向嘉宾提出问题，引导嘉宾展开有价值的分享，让嘉宾和用户在直播中各有所得；而在表演形式的直播间，主播更像是综艺节目的主持人，需要用恰当的话术做好直播过程中各个节目的衔接，为整场直播起到画龙点睛的作用。

在直播间，主播的言谈举止应大方得体，不宜穿着奇装异服或用夸张的肢体语言来哗众取宠。

主播的人设一旦确定就要尽可能保持不变，以方便用户记忆，但在文化修养上，主播要勤于学习各个领域的文化知识，增加自己的知识广度。主播的价值是在日复一日的文化输出中积累起来的，主播只有注重平时的知识积累，才可能在直播间就任何与文化相关的话题同诸多嘉宾侃侃而谈，让用户对直播有所期待。

》》》5.4.4　直播间的商品类型

直播间的核心主题是文化传播。为此，直播间如果要上架商品，可以上架特定文化的衍生品。例如，跟传统文化相关的主题直播，直播间可以上架一些与传统文化、传统节日相关的商品、礼品；跟音乐相关的主题直播，可以上架一些音乐类的实物商品或者虚拟商品；特定地区的文化宣传直播，可以上架地区特产；等等。

文化类短视频账号做直播，用户对直播间的期待是直播间非营利。如果直播间的销售气息过浓，可能会使用户反感。选品时也应注意，文化类短视频账号直播间由于有正规的文化单位背书，有知名人士作为主播推荐商品，用户对直播间的商品更容易产生信任感，而一旦直播间销售的商品出现问题，用户就会更加失望和气愤。因此，这类直播间必须要做好选品工作，或者只开放赞助栏目，给商家提供广告资源位，不在直播间直接销售商品。

5.5 旅游类短视频账号的直播模式

近年来，虽然"宅家"的人越来越多，但"读万卷书，行万里路"的观念依然让很多人时不时产生"世界那么大，我要去看看"的想法。旅游类短视频账号所发布的内容就是一个能让人在家里看世界的窗口。

那么，旅游类短视频账号的直播模式是怎样的呢？

▶▶▶ 5.5.1 旅游类短视频账号的用户分析

旅游类短视频几乎是人人都喜欢的短视频内容。这类内容的用户，从性别上看，男性用户和女性用户都比较多，但账号不同，用户性别比例的差别较大。一般而言，风景类的旅游类短视频账号，女性用户比男性用户多；探险类、古迹类的旅游类短视频账号，男性用户比女性用户多。从年龄上看，除了未成年，每个年龄段的用户都很多。也就是说，旅游类短视频的用户规模非常大。

旅游类短视频的内容自带新奇属性，很容易吸引用户的注意，让用户不知不觉就看完短视频。即使是时长比较长的短视频，新奇有趣的内容也会吸引用户看完。如果短视频能涵盖一点历史知识，就更能赢得用户的好感。可见，旅游类短视频是很容易"涨粉"的短视频类型。

不同于其他类型短视频的用户，相对来说，旅游类短视频的用户记住的往往不是出镜人员，而是景点。因此，出镜人员要想拥有较大的个人影响力，并不是一件容易的事。这类短视频的出镜人员要想被用户记住，就需要长期、稳定地输出能打造自身人设的内容。出镜人员不但要知识渊博、风趣幽默，还需要有自己的独特风格，才可能被用户记住。

▶▶▶ 5.5.2　直播间的风格定位

旅游类短视频账号开设的直播间，是以旅游为主要内容的直播间。旅游最吸引人的地方是"在路上"和能发现过去不曾了解的事物。较合适的旅游类短视频账号的直播间风格是"在路上"。在此基础上，使用以下几种方法更能吸引用户观看和持续关注直播间，甚至吸引用户去体验。

1.　打造"沉浸感"

很多用户不会长时间蹲守直播间。用户进入直播间后，会出于各种各样的原因退出。然而，用户在观看旅游类短视频账号的直播时，很容易被独特、新奇的内容吸引而不知不觉地长时间停留。因此，旅游类短视频账号的直播间如果能以多个机位、精美的画面、详细的解说来让内容活灵活现，就更可能使进入直播间的用户沉浸其中，让用户在直播间停留几分钟甚至几十分钟。

2.　打造"人文感"

旅游类短视频账号的直播间尽量不要以"带货"为主导。用户观看旅游类短视频账号的直播，并不是为了购买商品，而是想了解大千世界的奇妙。因此，在旅游类短视频账号的直播间，主播要尽可能多地展示风景的奇特与美好，多讲述跟风景相关的人文故事，让用户感到新奇，从而产生"我要去看看"的想法。

3.　打造"价值感"

旅游类短视频账号的直播间的运营重点在于宣传而不在于当时的转化。用户观看直播时，主播可以运用抽奖等方式引导用户关注直播间、在直播间互动。例如，主播可以通过"关注直播间可抽福袋""一键评论可抽福袋"的方式，引导用户关注直播间、在直播间内快速参与评论等。由于参与门槛比较低，用户的参与热情较高，直播间用户数据好，就可以获得平台的更多推荐，被平台推荐给更多的用户，从而进一步增加直播间的人气，这样就达到了宣传的目的。

旅游类短视频账号直播的目的不在于"带货"，不在于一时的订单，而在于播下"诗与远方"的种子。即使"看热闹"的用户多、购买的用户少，直播间所展示的景点也会给观看的用户留下印象，成为用户未来旅游目的地的选择之一。

▶▶▶ 5.5.3　直播间的主播人设定位

旅游类短视频账号的直播间的主播人设可以参考以下两类。

1. 知识丰富的导游

主播的人设可以是知识丰富的导游。这类主播不用出镜，可以一边解说与景点相关的风俗文化、历史典故、趣味故事，一边回答用户关于景点游玩方面的问题，如图 5-2 所示。这种类型的主播既可以让用户对景点有所了解，也可以及时解答用户在景点或者旅游花费方面的疑问，增强用户对主播的信任感。

图 5-2　"导游型"主播在直播间介绍景点

2. 勇敢的探险家

主播的人设也可以是勇敢的探险家。主播通过摄像头带领用户进入一个个名胜古迹或者其他景点探险，给用户讲很多奇闻轶事。直播过程中，主播不但需要认真讲解自己的所见所闻、所感所想，还需要站在用户的角度来分享自己的想法和经验，以尽可能地获得用户的心理认同，让用户产生一种"这么神奇？我也要去看看"的期待。

▶▶▶ 5.5.4　直播间的商品类型

旅游类短视频账号的直播间本应上架与直播间主题联系最紧密的旅游商品，如景区门票、酒店住宿等，但这类商品有一些缺点，比如价格高、购买频率低、不可存储、退改难等，导致用户不会轻易做出购买决策。因此，这些商品不太容易在直播间进行大量销售，但可以在直播间关联的小商店中长期展示，以便需要的用户购买。

当然，运营者也不宜将这些商品的销量作为运营考核指标。因为不管是旅游类短视频，还是旅游类短视频账号的直播，其目的都不在于促进门票交易或者住宿订单交易，而在于景点宣传。即使是很少出门旅游的用户，如果经常看旅游类短视频账号的直播，也会慢慢记住这个景点，产生"去这个地方看一看"的念头。而想要看一看的念头一旦产生，用户自然会在一个期限内想办法实现。即使门票和住宿订单没在直播时成交，也会在未来的某个时间成交。

那么，旅游类短视频账号的直播间可以销售哪些商品呢？以下两类商品可供参考。

1. 可邮寄的文创商品

文创商品是比较适合在旅游类直播间销售的商品。例如，在抖音账号"故宫小玉儿"的直播间中，上架的商品包括日历及与历史文化相关的图书。

2. 景点所在地的特色美食

特色美食是可以邮寄的，直播间上架特色美食，可以让其他地方的用户足不出户就品尝到异地的特色美食。

5.6 生活类短视频账号的直播模式

生活类短视频账号发布的主要是展现各种生活方式的短视频，这类短视频中往往有一位主要的出镜人员，短视频创作者通过展示一系列生活场景将出镜人员打造成一个有影响力的"网红"，然后再通过其影响力来实现短视频变现或者直播变现。因此，从某种程度上来说，生活类短视频账号的直播模式，就是"网红"的直播"带货"。

▶▶▶ 5.6.1 生活类短视频账号的用户分析

生活类短视频账号的用户，大部分年龄在 18～40 岁。在用户性别方面，当短视频的主要出镜人员是男性时，一般男性用户相对多一些；主要出镜人员是女性时，一般女性用户相对多一些。这是因为，生活类短视频的女性"网红"大多会在短视频中展示家庭美食制作等内容；而男性"网红"则大多会展示当地的风土人情等内容。展示内容不同，自然会吸引不同偏好的用户。

生活类短视频"网红"通常有较强的号召力。这类"网红"之所以能获得大量用户的关注，就是因为其在短视频中展现的生活方式等触动了用户的情感，让用户发自内心地认同和喜欢，从而愿意长期关注。

▶▶▶ 5.6.2 直播间的风格定位

生活类短视频的出镜人员成为"网红"后，大多会开始直播，进行直播"带货"，从而获取收益。但是，用户关注"网红"、观看"网红"的直播，并不是为了在"网红"的直播间购买商品，而是因为喜欢"网红"在短视频中表现的内容，希望能在直播间与"网红"互动。因此，为了获得用户的长期支持，"网红"的直播间不宜做纯粹的"带货"直播，要尽可能增加一些符合"网红"人设的其他内容。

如果出镜人员是以美食制作而"圈粉"的，那么出镜人员成为主播后，可以在直播间一边制作美食，一边销售美食的制作材料或合作品牌的成品。

如果出镜人员是以展示某个地区的生活方式而"圈粉"的，那么出镜人员成为主播后，可以在直播间讲解某个地区的生活方式，回答用户的疑问，同时在直播间销售该地区独特的、有名的商品。

如果出镜人员是以展示某种风格的生活方式而"圈粉"的，比如怀旧方式、乡村生活方式，那么出镜人员成为主播后，可以在直播间一边展示美好的乡村生活场景并进行解说，一边在直播间上架农产品或者性价比高的快消品。

需要注意的是，在生活类短视频账号的直播间中，重要的是体现生活方式的单纯、惬意、美好。即使真实的生活方式并不完全是这样的，也需要给用户打造这样一种"美好"的想象，因为没有人能抗拒美好生活。即使用户都知道，真实的生活方式与主播呈现的生活方式有差别，自己不会去过那样的生活，但也会给予主播足够的关注和支持。

总之，生活类短视频与直播间展示的都应该是美好的内容，以唤起用户对美好生活的向往之情。这也是生活类短视频的出镜人员容易被记住、容易"涨粉"的主要原因。

▶▶▶ 5.6.3　直播间的主播人设定位

生活类短视频的出镜人员做直播间的主播，必须拥有一些优秀的人格品性。在用户看来，他们所"粉"的人可以在年龄、外貌上有所不足，但人格品性一定是优秀的。优秀的人格品性具体包括但不限于以下几点。

（1）为人诚实。诚实是指不夸大、不掩盖、不歪曲、实事求是。诚实的人，做事守信，因而更容易赢得信任和支持。主播为人诚实，有时候意味着直播间商品质量可靠、价格实惠，可以给用户带来安全感。

（2）做事勤劳。人们相信"天道酬勤"，不会认可一个懒惰的人。主播在直播间表现出勤劳的品性，可以让用户相信主播及其直播间的"涨粉"、转化甚至赢利都是值得的。

（3）谦虚有礼。谦虚是一种良好的修养。谦虚表现为能主动改变看问题的角度，主动站在别人的角度去看待人、事、物，一举一动都展现对他人的尊重。人都是渴望被尊重的，因此谦虚有礼的人往往更容易得到大家的好感，傲慢无礼的人终究会遭到大家的厌烦。

（4）举止得体。举止得体是指举止优雅、风度翩翩。举止得体表现在言语方面，是指平时说话考虑他人的感受，用词恰当，多说积极性的话语，让听者感到愉悦；表现在行为方面，是指没有多余的小动作，行住坐卧都落落大方。

（5）乐观积极。乐观积极的人特别有感染力，能快速吸引用户的注意，并得到用户的长期支持。不管面对的是什么样的问题，主播都应展现乐观积极的一面，以给用户带来正向的、积极的影响。

▶▶▶ 5.6.4　直播间的商品类型

一般来说，食物是比较适合在生活类短视频账号直播间销售的。除此以外，还可以根据主播的特点来选择合适的商品，具体可参考以下方式。

（1）以展示美食制作过程为主要内容的直播间，主播可以在直播间上架制作美食的食材，比如调料、米面粮油等，也可以售卖零食。

（2）以展示居家生活而"圈粉"的主播，可以在直播间上架家居用品，比如清洁用品、纸巾、小摆件等。

（3）以展示地区或者年代特色生活方式而"圈粉"的主播，可以在直播间上架符合该生活方式特点的地区特产、生活用品、服饰等。

5.7　店铺类短视频账号的直播模式

相较于其他类型的短视频账号，店铺类短视频账号做直播，尤其是做"带货"直播，更容易被用户接受，因为店铺本身就是销售商品的地方。不管是线上店铺还是线下店铺做直播，用户进入直播间，本身就抱着"看看有什么商品值得买"的心理。

▶▶▶ 5.7.1　店铺类短视频账号的用户分析

如今，在抖音，很多店铺开设的短视频账号不仅会定期发布短视频，还都开通了直播功能。观看店铺短视频的用户，会被推荐观看店铺直播。这些用户主要有以下几类。

1. 购买过店铺商品的老用户

这些用户因为过去的消费体验良好，会愿意回购店铺的商品。如果看到价格合适或者感觉不错的商品，他们就会考虑购买。对于这类用户来说，店铺不管是通过短视频推荐商品，还是通过直播推荐商品，区别并不大；商品本身和商品的价格，才是决定他们是否购买的关键因素。

2. 其他店铺的老用户，本店铺的新用户

当用户曾在其他渠道购买过商品，在店铺短视频账号发布的短视频或者店铺的直播间看到同款商品或者同样知名的同类商品时，用户会认真考虑是否购买。这些用户虽然是其他竞品品牌或竞品店铺的老用户，但还是本店铺的新用户。对于这些用户，价格是决定他们是否想要尝试购买的关键因素。因此，店铺的新用户福利的设置很关键。

3. 没有或者很少在直播间购买商品的用户

抖音、快手等平台的一些用户虽然是平台的重度使用者，经常看短视频或者观看直播，但并没有或者很少在直播间购物。这些用户对在直播间购物还没有建立起信任感，是直播间的潜在用户。这些用户刚进入直播间时，主播需要通过热情的欢迎话语、关注福利等来引导他们关注直播间，以便第一时间为其推送直播信息。当他们再次进入直播间，主播可以通过发放专属优惠券、赠送无门槛优惠券等方式来吸引他们尝试在直播间购物。

▶▶▶ 5.7.2　直播间的风格定位

店铺类短视频账号开直播，最合适的一种方式是"带货"直播。而直播间的风格由所售商品决定，具体考虑以下两个方面。

1. 直播间的装扮

店铺类短视频账号的直播间的装扮可以选择与商品相关的场景，比如商品的生产场景、购买场景或者使用场景。具体参考方式如下。

（1）对于农产品、鲜花等品类，主播在产地进行直播，可能会比在室内进行直播的观感好。

（2）对于厨具、家居、百货、运动健身等品类，主播在直播时需要重点展示这些商品如何使用，在这些商品的使用场景下进行直播会更有说服力。

（3）对于服饰品类，主播打造一个宽敞明亮的衣帽间场景，更容易唤起

用户的消费动力。

（4）对于销售食品的实体店铺，主播可以在店铺内直播，让用户直观地看到店铺内琳琅满目的商品。

（5）对于美妆、图书等品类，主播在直播时应注重展示其使用效果，将室内场地装扮为化妆间、书房，以树立自身的专业形象，更容易获得用户的信任。

2. 直播间的销售氛围

"带货"直播间是热闹的还是安静的，要根据所销售的商品来确定。如果直播间销售的商品是快消品，单价较低，不需要用户过多考虑，那么就可以营造热闹的直播间氛围。如果销售的是图书类商品或者文化感较强的商品，用户在购买之前并不了解商品的内容，主播需要对这些商品的价值进行详细解说，如图书主要讲什么内容，适合什么样的人看，看这本书能得到什么实际效用或者获得什么样的感受等，讲解语速也不宜过快，以营造一种安静、感性的直播间氛围。

▶▶▶ 5.7.3　直播间的主播人设定位

店铺类短视频账号直播间的主播，应该扮演专业的导购员、福利官等角色。主播如果能将商品的优缺点讲解清楚，能送出很多福利，就是用户心中的好主播。

基于此，主播应该对直播间所销售商品的相关知识，不管是商品的原料、功能，还是行业的竞品，行业未来的发展，或者是常见的购买渠道的商品价格，都了解得很清楚，随时能在直播间侃侃而谈。在介绍商品时，主播可以用适当的方法，有条理地介绍商品的特点和价值，在赢得用户信任的基础上实现转化。

此外，主播也要注意个人形象的维护，宜妆容淡雅，不宜打扮过度，以免喧宾夺主。

▶▶▶ 5.7.4　直播间的商品类型

如果店铺销售的商品种类有限，比如不超过 50 个，一般可以在直播间上架店铺内的全部商品；如果商品种类很多，可以只上架店铺的热销商品。

主播在讲解商品时，无须讲解全部商品，只需要反复讲解热销商品。这是因为，一方面，用户在直播间都是随时进入、随时退出的，一般不会在直播间停留几个小时，也就不会看完所有商品的介绍；另一方面，大多数用户进入某个店铺或者某个店铺的直播间，往往只会购买自己用过的热销商品、刚上市的新品或者多款热销商品的组合装。因此，主播只需要多向用户主动介绍这些商品，同时可根据用户在评论区的提问或要求讲解其他商品。以北京稻香村某个店铺直播间为例，直播间上架了店铺内的所有热销商品，如图 5-3 所示，但主播只讲解多款不同热销商品的组合装。

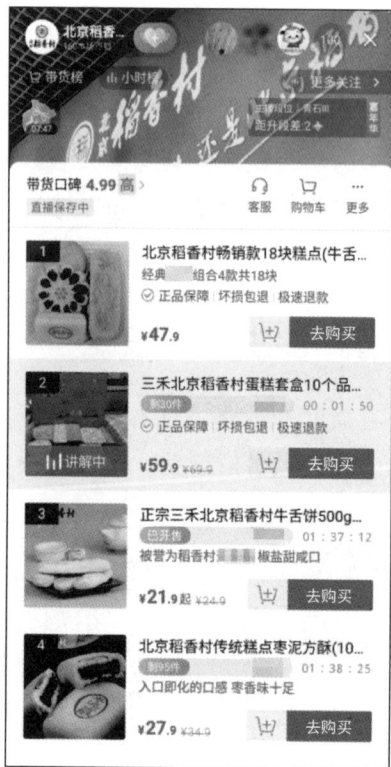

图 5-3 北京稻香村某个店铺直播间的商品展示

5.8 运动类短视频账号的直播模式

运动类短视频账号也比较适合做直播，因为相对于短视频而言，直播可以给予用户及时有效的引导，更容易增强用户的体验，从而获得用户的好感。

▶▶▶ 5.8.1　运动类短视频账号的用户分析

运动类短视频账号的用户，大部分年龄在 24～40 岁。其中，内容偏向体育运动的短视频账号的男性用户比女性用户多；而内容偏向健身运动的短视频账号，则女性用户比男性用户多。

例如，抖音账号"Keep"，截至 2022 年 1 月，其女性用户占比约为 73.5%，男性用户占比约为 26.5%（以飞瓜数据为例）。

▶▶▶ 5.8.2　直播间的风格定位

运动类短视频账号的直播间的形式也是多样化的，可以设计为运动商品的"带货"直播间，也可以设计为运动练习类的直播间。

运动商品的"带货"直播间是适合运动品牌、运动"达人"开设的直播间。

对于运动练习类的直播间，其主要内容是运动练习直播。开设这类直播间需要拥有 3 个核心元素：教练、同伴和即时反馈，以满足用户的学习感、陪伴感和效果感的需求。

不过，运动练习类直播间有一个不足之处，即直播时间的限制可能会影响用户进行运动练习的时间自由度和方便性。在固定时间开播的运动练习类直播间，对于一些时间不固定和时间碎片化的用户来说，并不是长期锻炼的好选择。

因此，运动练习类直播间需要筛选出有固定的、整块时间的用户，或者根据核心用户方便练习的时间来规划直播的时间，并为其提供有获得感的直播内容。

▶▶▶ 5.8.3　直播间的主播人设定位

运动类短视频账号的直播间因类型不同，主播的人设定位也有所不同。

如果直播间是运动商品的"带货"直播间，那么主播就需要是一位既懂运动又懂商品的"带货"主播，要能在直播间回答用户关于商品使用的任何问题。

如果直播间是运动练习类直播间，那么最能吸引用户的主播是健身教练。这也是一种专家人设。健身教练可以指导用户做合适的动作，用户自然愿意长期关注和跟随。

▶▶▶ 5.8.4　直播间的商品类型

运动类短视频账号的直播间可以上架销售的商品是跟运动相关的健身食品、运动课程（线上或线下）、运动专用服饰、运动器材等。例如，抖音账号"咕咚运动"直播间上架的商品，如图 5-4 所示。

图 5-4　抖音账号"咕咚运动"直播间上架的商品

需要注意的是，如果直播间是运动练习类直播间，那么，在直播的运动练习环节，主播不可进行直播"带货"，因为此时的用户正忙于跟随主播进行运动练习。但是，主播可以为每一场运动练习直播设置固定的商品推广时间，以方便做完运动的用户在休息间隙了解商品信息，或者吸引只是观看直播但并没有同步运动的用户购买。

⚙ **思考与练习**

1．如果知识类短视频账号开直播，应该如何设计直播间？

2．如果幽默类短视频账号开直播，应该如何设计直播间，如何选择直播间的商品？

3．如果少儿类短视频账号开直播，应选择销售什么样的商品？

4．如果生活类短视频账号开直播，主播应该具有什么样的形象？

5．如果店铺类短视频账号开直播，主播应该具有什么样的形象？

第5章 不同类型短视频账号的直播模式

第6章
短视频与直播的推广

【学习目标】
➢ 了解短视频与直播的推荐算法。
➢ 了解引流短视频的自然推广策略。
➢ 了解日常直播的付费推广策略。
➢ 了解活动直播的付费推广策略。

不管是短视频运营，还是直播运营，其运营过程中都有一个关键环节——内容推广。但与单独的短视频推广或者单独的直播推广不同的是，短视频与直播的推广是有策略的、环环相扣的。本章将介绍短视频与直播的推广原理和实用的推广策略。在具体实践中，运营者需要站在更高的角度，根据运营的总体目标来综合运用各种推广策略。

6.1 短视频与直播的推荐算法

为了让短视频内容和直播内容顺利获得平台更多的推荐，短视频与直播的运营者需要先了解平台的推荐逻辑和推荐算法的依据，以符合推荐逻辑的方法来做推广。不同的平台有不同的推荐逻辑，在此以抖音为例进行讲解。

6.1.1 平台的推荐逻辑

抖音的推荐逻辑是"优质的内容才会被广大用户看见"，也就是优质内容至上的推荐逻辑。在这种推荐逻辑下，抖音在分发内容时，会先对内容进行优劣的筛选，然后减少或者停止推荐劣质内容，同时给予优质内容更多的机会。

抖音的推荐逻辑有以下 3 个特点。

1. 特征识别

短视频内容在抖音上发布后，就会进入审核阶段。内容通过审核后，抖音会根据视频的内容和标题，给这条短视频打标签，并匹配相关的用户，将这条短视频推送给这部分用户。

在这个过程中,影响抖音对短视频内容进行推荐的主要因素有以下几个。

（1）账号定位

如果账号定位清晰，拥有特定的类别标签，那么抖音会自动将账号所发布的内容推荐给喜欢这个标签的用户。如果账号的定位不太清晰，包含多个类别标签，那么抖音就会根据标签权重做相应的推荐。这意味着，短视频创作者如果根据目标用户的兴趣爱好做垂直性强的内容，会更容易被抖音推荐给目标用户。

（2）内容质量

抖音鼓励短视频创作者产出优质的内容，如果一个短视频创作者产出的内容被评为优质内容，即便账号处于初始阶段也容易获得较多的推荐。

（3）内容包装

短视频账号的头像、短视频内容的封面、短视频搭配的背景音乐，虽然不是主要的内容，但可以理解为短视频内容的包装，若这些包装设计精美，符合内容定位，短视频也会获得抖音更多的推荐。

（4）画面的清晰度

画面的清晰度越高，越容易获得平台的推荐。

（5）内容更新频率

相对来说，稳定、高频率更新的账号，如每天 18:00 更新 1～3 条短视频的账号，更容易获得抖音的推荐。

2. 流量池进阶

流量池可以分为一级流量池、二级流量池、三级流量池、四级流量池等。一条短视频发布成功后，会进入一级流量池。抖音会以基于地理位置的"附近"和基于粉丝行为的"关注"为主要参考，再匹配系统标注的用户标签和短视频的内容标签智能分发，将短视频推荐给 100～1000 名用户，同时记录短视频的完播率、点赞率、互动率。如果这些数据表现很好，抖音就会逐步将短视频放入二级流量池、三级流量池甚至四级流量池。进入四级流量池的短视频，是经过抖音和诸多用户层层筛选的短视频，会成为"爆款"短视频。

在这个过程中，完播率、点赞率、互动率非常重要，这 3 个数据的含义如下。

（1）完播率

完播率主要参考的是短视频平均播放进度。假如一条短视频的内容有 15 秒，用户看完 15 秒，即为完播；没看完，即不属于完播。看完短视频的用户数量越多，完播率越高，短视频获得的推荐量也就越多。

（2）点赞率

点赞率可以理解为一条短视频获得的点赞数量与播放数量的比率。在抖音，优质短视频的点赞率约为 3%。因此，一条短视频在持续曝光的过程中，如果点赞率高于或者接近 3%，就会被评为优质短视频，获得更多的推荐量。

（3）互动率

互动包括转发和评论。抖音会参考整个平台的平均互动率对流量池内的短视频进行评分，再决定给予其多少推荐量。例如，如果一条一级流量池内的短视频的互动率比平台平均互动率高，那么，这条短视频就容易进入二级流量池，获得更多的推荐量。

综上所述，当一条短视频的完播率、点赞率、互动率都较高时，就很容易被抖音评为优质短视频，进入更高级的流量池，获得更多的推荐量。

3. 叠加推荐

抖音会给新发布的短视频智能分发一个基础曝光度，如果在基础曝光度下，短视频的转发量达到一定水平，抖音就会判定这条短视频为受欢迎的内容，为其加权，叠加更高的曝光度，若转发量继续上涨，达到另外一个水平，抖音会再次叠加曝光度，将其推荐给更多用户……层层叠加后，这条短视频相当于经过了大量用户的检验，就会进入抖音的推荐内容池，获得几十万甚至数百万的大流量推荐。

经过大量用户检验的优质短视频会得到更优厚的支持条件——更长时效的曝光，这就是用户有时候会在抖音上看到几个月前发布的短视频的原因。这就意味着，成为优质的账号、创作优质的内容，会得到更多的几乎无上限的曝光。

可见，抖音的推荐其实是"尝试推荐—验证推荐—扩大推荐"的过程。在这个过程中，用户的反馈是抖音决定终止推荐还是继续推荐的关键。也正是因为这个道理，有些短视频创作者自认为非常优质的内容，但由于只有小部分用户喜欢，不能被大众快速理解，而没有得到抖音的强力推荐。

▶▶▶ 6.1.2 推荐算法的依据

推荐算法的依据是用户偏好。而了解用户偏好的方法就是描绘清晰的用户画像，用户画像是基于用户标签描绘的，而用户标签是根据用户行为制定的。也就是说，抖音收集用户在平台上的行为，制定用户标签，描绘用户画像，算出用户偏好，为用户推荐他们可能喜欢的内容，同时根据用户的反馈，如点赞、评论、转发、快速"划"走、"不感兴趣"等，来优化用户标签、画像、偏好和推荐模式。

这种方法看起来是相对可靠的，因为这是基于用户行为来进行推荐算法的设计和调整的。但这种方法有个缺点，即用户的偏好并不是一直不变的，而是会发生变化的。过去感兴趣的内容，用户在看过许多后，现在可能已经不感兴趣。造成这种变化的原因有两个，一个原因是，用户被抖音识别出偏好，被推荐了很多相似内容，用户的观看需求快速得到了满足，其再看这类内容时就心生厌倦了；另一个原因是，对于临时想要了解的内容，用户会主动搜索，搜索出来观看完毕后，也就不再需要了，此后抖音再给用户推荐这方面的内容，自然就是多余的。

为了迎合用户的偏好，抖音的推荐算法会根据用户的互动、反馈等行为不断地进行调整。多次调整后，那些点赞量虽然很高但不太符合用户兴趣（用户刚打开没看完就"划"走）的内容，就很少出现在用户的推荐页了。而出现在用户推荐页的，可能都是用户自己爱看的内容。这就导致用户会用更多的空闲时间观看抖音的短视频或者直播内容，从而不自觉地增加使用抖音的时间。而用户使用抖音的时间越长，越有利于增加抖音的商业价值。

当然，如果用户长期只观看抖音推荐给自己的内容，那么，用户可能会进入"信息茧"，接触不到别的有趣的内容。抖音的热搜功能、排行榜功能，可以帮助用户打破"信息茧"接触更多的信息。同时，抖音也会根据用户的新观看行为，调整其标签，将更多新的内容推荐给用户。

这意味着，由于用户的兴趣会发生改变，并不是所有的流量运营动作都是有效的。即使运营者做了充分的准备，运营结果可能还是无法保证。这也意味着，一个短视频账号发布的内容不能一成不变，要有意识地主动尝试、主动创新。虽然创新可能意味着数据的变化，但这却是一个账号持续发展的基础。

6.2 引流短视频的自然推广策略

引流短视频是推广直播间的一种有效方式，但引流短视频也需要做推广运营。虽然每个平台都有付费运营的方法，但运营者还是需要先做好引流短视频的自然推广。

▶▶▶ 6.2.1 有关引流短视频的基本操作

发布引流短视频时，运营者需要做好以下几个方面的运营，才容易获得自然流量，顺利度过冷启动期。

1. 发布短视频的方式

运营者在很多平台发布短视频时，发布方式都有从移动端发布和从 PC 端发布之分。两种发布方式通常有一些差别，具体需要根据短视频的实际情况来看。

以抖音为例，运营者可以选择将剪辑好的短视频传送到自己的手机上，在抖音移动端发布；也可以在 PC 端通过抖音网页版来发布短视频。在 PC 端打开抖音网页版，单击"发布视频"后会进入"抖音创作服务平台"，在此可以上传短视频并进行短视频剪辑。

虽然这两种方式都可以发布短视频，但其发布要求有所差别。在移动端，运营者往往只能发布时长在 60 秒以内的短视频，并且短视频文件会被压缩，导致短视频的分辨率欠佳。而在 PC 端发布短视频，短视频的时长要求则是30 分钟以内。用抖音网页版发布短视频的要求，如图 6-1 所示。

此外，抖音网页版还支持在线视频剪辑功能（截至 2022 年 4 月，这一功能还处于内测阶段）。在线视频剪辑的功能页面中，在线视频素材、配乐可直接调用，也有字幕、文字、贴纸、特效、转场等工具，如图 6-2 所示。

图 6-1　用抖音网页版发布短视频的要求

图 6-2　抖音网页版的在线视频剪辑功能

当然，运营者也可以使用专业的视频剪辑工具完成短视频制作，直接将其上传至抖音网页版并发布。

2. 发布短视频的时间

短视频的发布时间决定了这条短视频在冷启动期会被推荐给谁。如果目标用户主要是上班族，那么在上班时间发布短视频显然是不太合适的。如果在目标用户的上班时间发布短视频，平台就可能将短视频推送给非目标用户。这些用户可能对短视频的内容兴趣不大，从而会影响短视频的完播率、点赞率、互动率等，导致短视频在冷启动期就陷入困境。而如果在目标用户活跃的时间发布，如工作日的午间、晚高峰时间及周末休息时间，那么目标用户就会第一时间看到短视频，完播率、点赞率、互动率都会较高，短视频因此能快速进入二级流量池。

3. 短视频使用的背景音乐

在抖音、快手等平台发布短视频时，运营者可以选择插入背景音乐。短视频播放时会显示背景音乐的名称，用户点击该名称，就会看到所有使用这一背景音乐的短视频内容。这意味着，短视频使用热门的背景音乐有助于被推荐给更多的用户。

不过需要注意的是，使用抖音版权库中的背景音乐，虽然在冷启动期会有优势，但也可能有侵权的风险。条件允许的情况下，运营者还是要尽可能为短视频配置原创背景音乐。

4. 短视频的时长

短视频的时长会影响短视频的完播率，故短小精悍的内容更容易得到高完播率。完播率对处于冷启动期的短视频来说非常重要，更高的完播率有助于获得平台更多的推荐。因此，在发布短视频前，运营者需要对短视频的时长和节奏进行优化，以提高短视频的完播率。

5. 短视频的特效和道具

抖音、快手等平台内置了很多有趣的特效和道具。这些特效和道具与背景音乐一样，对处于冷启动期的短视频有关联推荐效果。运营者可以在发布短视频时适当使用热门特效、道具，以获得更多的关联推荐。

6. 短视频的描述文本

相较于短视频内容来说，短视频的描述文本更容易被平台识别。这意味着，借助合适的描述文本，短视频可以获得更多的推荐。短视频的描述文本可以分成 3 个部分：话题、用户名称和普通描述文本。各个部分的设置方法如下。

（1）话题

恰当的话题不仅有利于平台识别，还与背景音乐、特效、道具一样，能使短视频获得关联推荐。运营者在为短视频添加描述文本时，使用"#"即可添加话题，发布后该话题会以加粗的形式显示（见图 6-3），用户点击它即可查看所有添加了该话题的短视频（见图 6-4）。

图 6-3　短视频的描述文本中的话题

图 6-4　话题下的所有短视频

（2）用户名称

在描述文本中，运营者也可以使用"@+用户名称"的形式来提到其他用户，这样，被提到的用户就会在自己账号的消息页面看到此提醒，其他用户也可以点击该用户的名称进入其个人主页。这是一种关联推荐方式。需要说明的是，如果被提到的用户具有一定的知名度，或者有清晰的类别标签，那么该用户的名称也可以产生话题效果，即运营者可以在短视频的描述文本中使用"#+用户名称"的方式，将短视频收录到与该用户名称相关的内容中。

（3）普通描述文本

在短视频的普通描述文本中添加一些标签，有助于将短视频推送给对这些标签感兴趣的用户。例如，某条短视频的普通描述文本是"4个穿搭小技巧，职场人一定要学好"，这个普通描述文本包含"穿搭""技巧""职场"3个标签，这条短视频就更有可能被推荐给对这3个标签感兴趣的用户。

7. 短视频的封面图

发布短视频时，运营者可以挑选短视频中的一帧画面作为短视频的封面图，短视频的封面图会在短视频账号主页的作品集中显示。相较于识别短视频内容，平台会更快识别到封面图，优先根据封面图来审核短视频、筛选首批推荐用户。

因此，运营者应使用能够轻松锁定目标用户的那一帧画面作为封面图，以引导平台将短视频推荐给目标用户。

8. 短视频的位置信息

很多平台都有"同城"入口。这意味着，平台会根据位置信息来为用户推送内容。因此，在发布短视频内容时，运营者可以为短视频添加位置信息。

对于具备明显地域属性的账号来说，为短视频添加位置信息可以使短视频被平台推荐给更多用户。在没有其他的偏好参考数据时，平台会优先将短视频推送给同一位置信息的用户。这意味着，添加位置信息的短视频内容，会更容易被推荐给用户。

9. 短视频的置顶

引流短视频发布以后，运营者可以将其置顶。这样，查看短视频账号主页的用户就会优先看到引流短视频，从而提高引流短视频的曝光率。

▶▶▶ 6.2.2　引流短视频的互动引导

新发布的短视频如果互动数据很好，也会获得平台的很多推荐。短视频的互动数据主要是指短视频的转发量和评论量。为此，运营者需要做好以下几个方面的互动引导。

1. 积极引导评论

很多用户看到一个新事物的时候往往抱着等等看的心理，不会事先评论或者询问。对于喜欢等等看的用户，运营者可以使用一些方法来引导其评论。可以参考的方法有以下几种。

（1）在短视频中用文案引导评论

例如，运营者可以在某商品测评短视频的结尾明确说出"大家还想看哪些商品的测评，欢迎在评论区留言。"这样的设计可以引导看完短视频的用户在评论区评论。

（2）率先在评论区评论

短视频发布 10 分钟后，如果没有用户评论，运营者可以率先在评论区评论。运营者可以直接用发布短视频的账号评论，也可以让团队内部工作人员用个人的平台账号评论。这样，用户观看短视频时，也会看到评论，会忍不住看看其他用户说了什么。用户如果看到有意思的观点或者认同的观点，会点赞；如果看到与自己想法相反的观点，就可能会与之辩论。这样，评论区就热闹起来了。

（3）描述文本中使用互动型文案

互动型文案可以是开放式问题，即包含"为什么""什么""怎么"的问题。例如，"更多好物还在持续更新中，还想要什么可以在评论区留言。"开放式问题的答案不受限制，可以让用户在回答时有更大的发挥余地，满足用户自由表达的愿望，增强用户的参与感。

2. 积极回复用户评论

短视频发布后，如果有用户在评论区评论，运营者就要积极与评论用户互动，回复用户的评论。运营者的回复会增加评论量，也会激发该用户的进一步评论并使更多用户评论。当然，与普通用户的评论不同，运营者的评论会有明显的标志，即账号名称后会显示"作者"两字。

如果用户的评论是问题，那么运营者需要告知用户答案；如果用户的评论是叙述，观点是符合短视频内容的，那么运营者就需要给出有鼓励感的回复，如"有道理"，如果用户的观点是不太符合短视频内容的，那么运营者就可以指出来"好像不太对哦"，以引发其他用户继续讨论。

3. 置顶优秀评论

如果看到比较优秀的评论，运营者可以将该评论置顶。置顶的评论会得到更多用户的注意和更多用户的点赞或者回复。因此，置顶评论和对置顶评论的大量回复，就相当于借短视频的评论区进行一个小范围的讨论。被置顶的用户评论就成为一个小范围的热门话题或者热门观点，评论的用户也会因此提高对运营者的认可度，更愿意参与该账号的短视频互动。同时，置顶评论的热闹氛围也会成为样板吸引其他用户积极评论、互动。

6.3 直播间的付费推广策略

不管是抖音、快手等短视频平台，还是京东、淘宝等电商平台，都因为拥有平台内的流量分配权，而对在平台内开展的直播提供了流量买卖的功能。运营者只要付钱，就可以买到流量。为直播间花钱买流量的行为，就是直播间的付费推广。

▶▶▶ 6.3.1 日常直播的付费推广策略

不同平台有不同的付费推广工具。在此以抖音和快手为例，介绍日常直播的付费推广策略。

1. 抖音直播的付费推广策略

抖音日常直播的付费推广的目的是为直播间引流。运营者向平台支付一定的推广费用后，平台会将引流内容曝光在用户的视频"推荐"页。引流内容可以是短视频，也可以是实时直播内容。如果引流内容是实时直播内容，那么，用户在"推荐"页观看短视频时，就会不知不觉地看到直播间的直播信息，如图 6-5 所示。此时，这条引流内容就会占领用户整个手机屏幕，用户点击屏幕即可进入直播间。

（1）抖音直播付费引流工具"DOU+"

"DOU+"是一款直播"加热"工具，直播间运营团队利用"DOU+"可以将直播间推荐给更多感兴趣的用户，提升直播间的人气、粉丝数及互动量。"DOU+"的投放需要审核。因此，直播间运营团队可以在直播前使用"DOU+"进行投放。

图 6-5　抖音直播间的"付费引流"效果

　　具体方法是，点击开始直播页面的"DOU+上热门"选项，进入"DOU+直播上热门"的设置页面，选择下单金额，设置"你更在意"（投放目标）、"你想吸引的观众类型"和"选择加热方式"等，支付对应金额之后即可完成投放，如图 6-6 所示。

　　当然，在直播过程中，运营者如果对用户互动量不满意，也可以在直播过程中进行"DOU+"投放。其方法是点击直播页面右下角"…"选项，进入"更多"页面，选择"上热门"选项，如图 6-7 所示，也可进入"DOU+直播上热门"的设置页面，设置完成后支付对应金额即可完成投放。

　　（2）"DOU+"的定向投放模式

　　目前，"DOU+"支持两种定向投放模式，即系统智能投放模式和自定义投放模式。

图 6-6　直播前的"DOU+直播上热门"设置

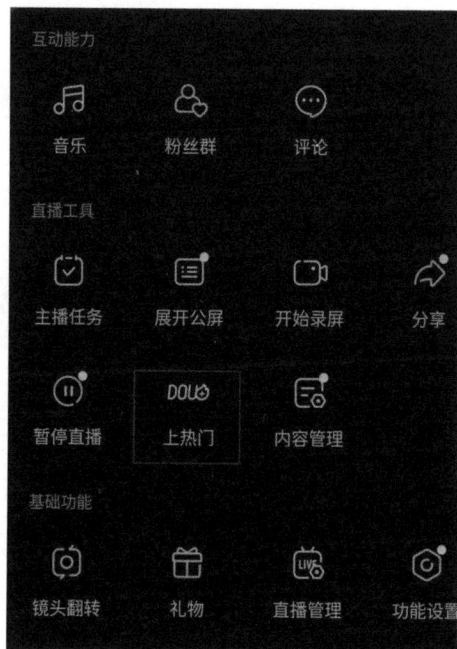

图 6-7　选择"上热门"选项

在系统智能投放模式下，系统会智能选择可能对该引流内容（引流短视频或者实时直播内容）感兴趣的用户，比如与直播账号有过互动历史的用户及相似用户、与直播账号粉丝相似的用户等，并将该引流内容展现在这些用户的"推荐"页。

在自定义投放模式下，运营者可以自主选择想要使之看到该引流内容的用户类型，还可以选择用户的性别、年龄、地域等。

需要注意的是，如果选择的用户范围过窄，可能会导致兴趣用户的流失。因此，运营者需要在有明确业务及目标用户的基础上，使用自定义投放模式。例如，销售美妆商品的直播间，引流内容是讲解某款化妆品的使用方法的短视频，由于其主要目标用户是年轻女性，运营者就可以选择使用自定义投放模式来锁定这个目标用户群。

（3）"DOU+"的高效投放技巧

为了高效地投放"DOU+"，运营者需要做到以下两点。

首先，明确投放目标，精准投放。在投放"DOU+"之前，运营者需要设定一个明确的投放目标。投放目标可以是提升直播间的人气，可以是增加直播间的粉丝量，也可以是提高直播间的互动量。明确投放目标后，运营者才能确定以何种方式进行投放。在直播前投放"DOU+"，可以为直播间引流，提升直播间的人气；在直播过程中投放"DOU+"，可以提升用户进入直播间后的互动效果，为直播间"涨粉"。

其次，选择用什么样的引流内容来"加热"直播间。在投放"DOU+"时，有两种"加热"方式可供选择，一是"直接加热直播间"，二是"选择视频加热直播间"。一般来说，运营者可优先选择"直接加热直播间"。

相对而言，"直接加热直播间"主要有 3 个方面的作用。第一，运营者在创建投放计划后，不需要等待视频的审核，即可开始"加热"，从而以更快的速度为直播间引流；第二，在投放计划开始后，用户在"推荐"页浏览短视频时会看到正在直播的内容，用户如果对直播内容感兴趣，点击屏幕即可进入直播间，如果用户不确定是否感兴趣，没有进入直播间，也没有"划"走，用户还是可以看到直播间的实时直播内容，待确定自己感兴趣后，再进入直播间；第三，在"推荐"页看到直播信息的用户由于感兴趣才进入直播间，这些用户可能是直播间的目标用户。

2. 快手日常直播的付费推广策略

在快手进行直播，运营者也可以进行付费推广。在快手进行直播付费推广，运营者需要在开播页面先点击"…更多"选项进入设置小窗口，再点击"直播工具"下的"上热门"选项（见图6-8），即可进入"直播推广"页面。

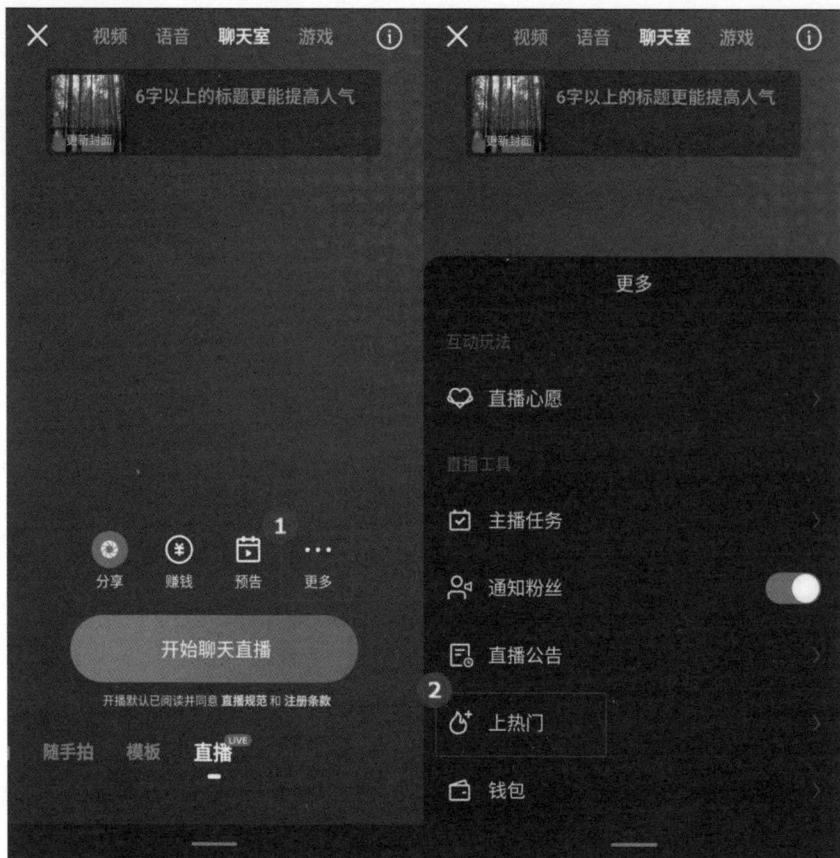

图 6-8　在快手开直播前开启"上热门"的方法

在"直播推广"页面，运营者首先需要设置一个推广目标，即明确"期望提升"什么。快手的推广目标有 6 个选项："直播观看""粉丝数""卖货ROI[1]""商品点击数""咨询点击数""下载点击数"。

不同的直播间有不同的推广目标设置权限。对于普通个人用户的直播间，推广目标只有"直播观看"和"粉丝数"两个选项可选；只有认证过营业执照的店铺可选"卖货 ROI"和"商品点击数"；只有提供"线上咨询"的直播间才可选"咨询点击数"；只有提供"推广应用"的直播间可选"下载点击数"。

其中，如果将推广目标设定为"直播观看"，还需要设置"期望引入哪类

---

1 ROI 是 Return On Investment 的缩写，原意为"投资回报率"，在广告投放领域可以理解为一定周期内，广告主通过广告投放收回的价值占广告投放成本的百分比。

行为的观众"进行更为细致的用户选择，如图 6-9 所示。选择不同，"预计带来直播观看数"也是不同的。显然，对行为没有要求的推广目标可以用较低的成本引入数量较多的用户。需要注意的是，"预计带来直播观看数"是对推广可能引入的用户数量的一个估计，实际进入直播间的用户数量可能会比预计用户数量少。

此外，运营者还需要设置"每直播观看推广费（元）"，即每个观看直播的用户的推广费，这个费用目前最低出价是 0.1 元（见图 6-10）。在此基础上，运营者设置的价格越高，直播间的引流效果就越好。因此，在直播高峰期，运营者可以增加直播预算，以快速提升直播间的人气。

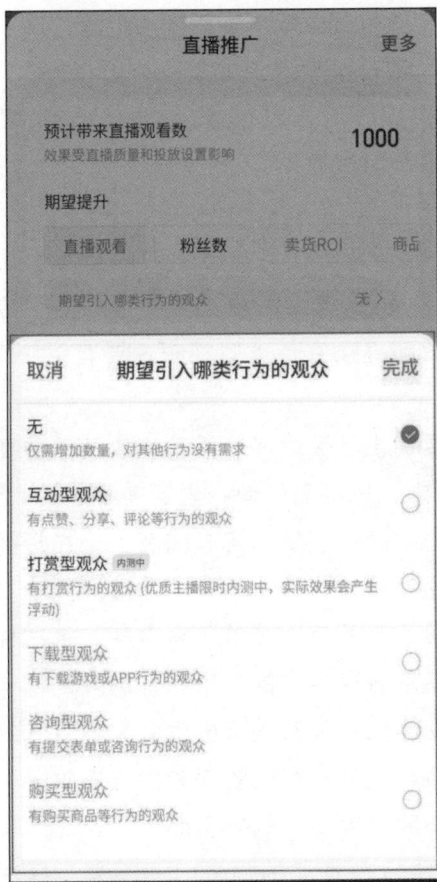

图 6-9 设置"期望引入哪类行为的观众"

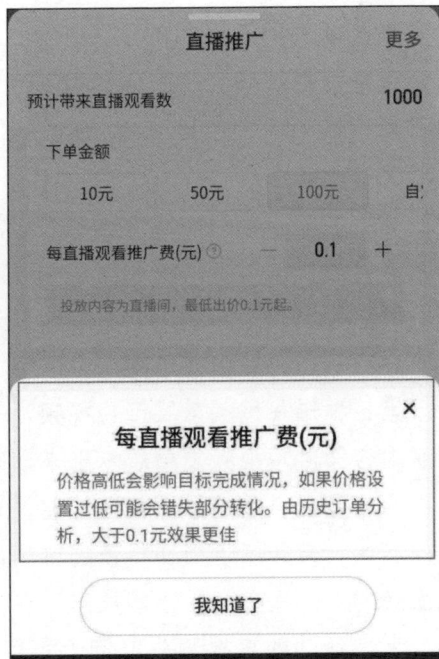

图 6-10 "每直播观看推广费（元）"的说明

▶▶▶ 6.3.2　活动直播的付费推广策略

活动直播主要有两种形式，一种是面向所有用户的公域直播，这种形式的活动直播适合在抖音、快手、微博等平台举办；另一种是面向核心用户的私域直播，这种形式的活动直播适合在微信的视频号、微博等平台进行。在此以适合进行公域直播的抖音和适合进行私域直播的视频号为例，介绍活动直播的付费推广策略。

1. 抖音公域直播的付费推广策略

相对于日常直播来说，活动直播的推广环节并不仅仅包括直播过程中的直播间加热，还包括直播开始前的"蓄客"和直播结束后的影响扩散。这两个时间段的推广策略对直播目标具有决定性的影响。

因此，在抖音做活动直播，运营者应分 3 个阶段进行推广：直播前的"蓄客"期、直播中的直播间加热及直播后的影响扩散期。

（1）直播前的"蓄客"期

在抖音做活动直播的主要价值在于可以吸引抖音大量用户的注意。由于抖音是以短视频为主的娱乐型平台，因此，"蓄客"期的主要投放内容应是活动直播的宣传类短视频。直播前的活动直播宣传类短视频主要有以下 3 种形式。

第一种形式是活动预告短视频，需要突出活动时间、活动价值及活动商品优惠，短视频时长需要控制在 45 秒以内，风格需轻快，内容需简洁。

第二种形式是知名人士的宣传预热短视频，主要内容是知名人士在短视频中介绍活动，提出简单观点，以突出活动价值，吸引用户的注意。

第三种形式是创意展示短视频，一般活动都有独特的创意内容，将这种创意内容通过短视频简单展示出来，以获取普通用户的注意和好感。

此外，在直播前的"蓄客"期，短视频内容发布的节奏也会影响引流效果。例如，某知名主播在抖音的首场直播，其发布宣传短视频的方式如同手机品牌的新品发布会，逐步放出消息，不断激起用户的好奇心。

大型活动的直播预告时间，可能会跟日常直播的预告时间不太一样。一场规模较大的、影响较广的活动直播，需要在以下 4 个时间点进行直播预告。

● 提前一周：提前一周发布的短视频，需要包含一些直播信息。以一场新品推荐活动为例，在直播前一周发布的短视频中，出镜人员需要在短视频中谈及与新品相关的话题，或者在短视频中展示一段新品的生产视频，并在结尾展示"即将推出新品"的信息。

● 提前 3 天：直播前 3 天发布的短视频，需要透露更多的新品信息和直播信息，其中包括价格、直播时间、直播平台、邀请了哪些有知名度的嘉宾等。

● 直播前一天：在直播前一天发布的短视频，可以是一条新品介绍短视频，运营者需要在短视频的描述文本中提示用户在评论区说一说对新品的看法，也需要在短视频结尾处再次展示明确的直播时间、直播观看福利，并诚恳邀请用户光临直播间。

● 直播前半小时：直播前半小时发布的短视频，是最后一条直播预告短视频。这条短视频需要介绍直播主题、核心内容，并告诉用户"直播间有福利、有惊喜"，再次邀请用户光临直播间。

（2）直播中的直播间加热

直播过程中，运营者需要根据直播间的用户数据及时付费"加热"直播间。

直播刚开始时，运营者可以用直播福利、行业知名人士亲临直播间等素材制作相关短视频，并使用"DOU+"进行付费推广，以吸引正在平台上看短视频的用户的注意。

在直播过程中，运营者一方面要根据直播效果对直播间进行"加热"，另一方面还要对直播间的嘉宾和用户进行非官方、非正式的传播引导，引导他们在各自的朋友圈、微博、社群等平台分享直播信息。

（3）直播后的影响扩散期

一场活动直播中，往往有很多比较精彩有趣的内容，但活动直播结束后，这些内容基本上就没有什么价值了。运营者可以将活动直播中的精彩内容剪辑出来，制作新的短视频内容，在多个平台进行分发，以便通过二次宣传进一步增强活动直播的影响力。有时，精彩的活动直播片段会吸引很多用户主动关注活动直播，甚至主动了解活动直播中提到的商品，进行购买。

需要注意，剪辑的活动直播片段中尽量不要出现"福利""特价"等词语，也不要出现与核心主题无关的内容。每条短视频都应简短，如果可以用作素材的内容较多，可以多制作几条短视频。每条短视频的时长需要控制在 20 秒以内，不管是讲解观点还是介绍商品，表达方式上都要尽可能生动有趣。

短视频制作完成后，运营者需要将其通过多个渠道分发出去。这些渠道包含但不限于抖音、快手、视频号（微信）、微博、小红书、微信群、微信朋友圈等。

2. 视频号私域直播的付费推广策略

视频号是微信生态的一部分。视频号本身并没有官方的直接付费推广的渠道，但运营者可以通过微信生态内诸多环节的"付费"运营，为视频号上的活动直播实现间接的推广。在视频号进行活动直播，运营者可以灵活使用以下几种间接付费推广方法。

（1）自媒体大号付费推广

自媒体大号即拥有很多粉丝的自媒体账号，如微博账号、微信公众号账号、头条号等。对于视频号直播运营来说，具有合作价值的自媒体大号主要是在微信生态内拥有很多粉丝的微信公众号账号。

这是因为，视频号的直播预告信息可以嵌入微信公众号发布的文章，用户在阅览微信公众号文章时，可以看到视频号直播宣传图（见图 6-11）；也可以在微信公众号文章内看到视频号直播引流短视频（见图 6-12），点击引流短视频后可以跳转到视频号，观看引流短视频、关注视频号、点赞短视频和预约观看直播；用户还可以在微信公众号文章内直接点击"预约"设置直播开播提醒，在直播即将开始时就会收到微信"服务通知"推送的"直播开播提醒"。

借助微信公众号账号的力量为视频号直播付费推广，需要先筛选出合适的微信公众号账号。一般情况下，运营者需要通过查看目标微信公众号账号的粉丝数、文章阅读量、点赞量等信息，判断账号的质量；还需要评估该账号日常发布的内容，判断其粉丝是否为直播间的目标用户。筛选出合适的微信公众号账号后，运营者可以自己制作推广文案、推广短视频或推广文章，请合作账号将其嵌入微信公众号文章中或直接发布；也可以提出推广内容要点，提供素材，由合作账号制作内容并发布。

图 6-11　微信公众号文章内的直播
宣传图

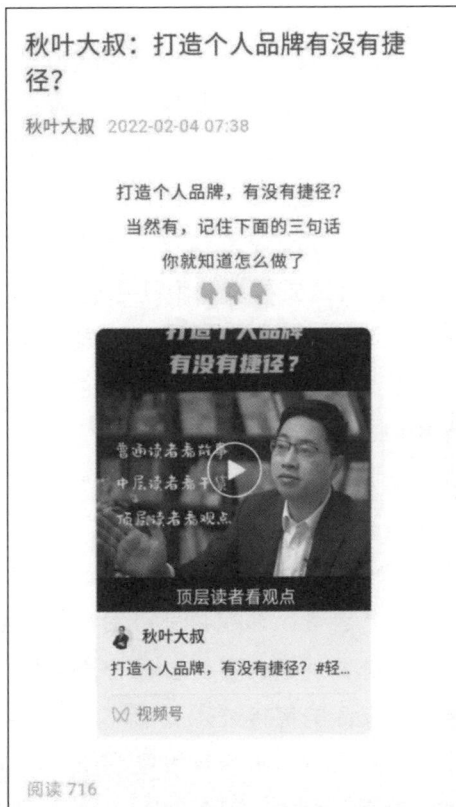

图 6-12　微信公众号文章内的视频号直
播引流短视频

　　相对而言，利用微信公众号账号进行视频号直播付费推广，由于合作前的考察和筛选比较精准，推广效果有一定的保障，但合作价格也较高。因此，这种模式比较适合已经有很多直播经验的运营者；对于新手运营者来说成本过高，可能不太合适。

　　（2）社群群主付费推广

　　社群群主付费推广是与活跃社群的群主进行合作，在其社群中投放直播预告信息，为直播间引流。

　　在社群中投放直播预告的形式比较灵活，可以是海报、短视频、文章等。不过，由于是在别人的社群中投放直播预告信息，为了提升效果，运营者需要注意以下 3 点。

首先，请群主在社群中对运营者进行主动介绍和信任背书。很多社群都是基于群主影响力而建立的拥有强社交关系的圈子，社群成员对群主的信任度很高，群主推荐的人和事物会得到较多社群成员的认可。

其次，运营者在社群内应先发红包再进行自我介绍。在被群主引入社群时，运营者需要发一个红包给社群成员当"见面礼"，在活跃社群气氛的同时，再进行有条理的自我介绍。

最后，运营者发红包请社群成员观看直播。做完自我介绍及直播预告之后，运营者需要再发一个红包邀请社群成员关注视频号账号、进行直播预约，以及邀请社群成员到直播间观看直播。

当然，对于潜在价值大的社群，运营者在合作结束后也可以选择常驻社群，时不时地发个红包或分享一些有价值的内容，获得社群成员的认可，从而让后续的直播活动或其他营销活动都能得到更多社群成员的配合和支持。

（3）给粉丝发福利引导扩散

运营者可以在视频号中发布短视频引导用户加入粉丝群，在直播开始时，在粉丝群里发红包引导粉丝分享直播信息至朋友圈，从而吸引他们的朋友们通过朋友圈的链接进入直播间。

相对来说，给粉丝发福利引导扩散是一种成本可控的推广方式，因而更适合预算有限的运营者。

除了上述推广策略，在视频号进行私域直播，还需要做好最后一步，即在直播结束后，针对活动直播发布一篇复盘总结的微信公众号推文。这样一篇微信公众号推文可以进一步增加活动的价值，增强用户的获得感。

例如，秋叶团队进行了一场"秋叶大叔首届万人线上峰会"的活动直播。在活动直播结束后，微信公众号"秋叶大叔"发布了一篇推文《致秋叶大叔万人线上峰会·特别支持伙伴的一封信》作为对活动直播的复盘总结。这篇推文包含一定的数据、观点和方法，是一篇有干货的总结，如文中提到的"活动后续长尾曝光"（见图 6-13），让用户相信观看这场直播是值得的，进而能够引发用户对下一次直播的期待和关注。

（a）

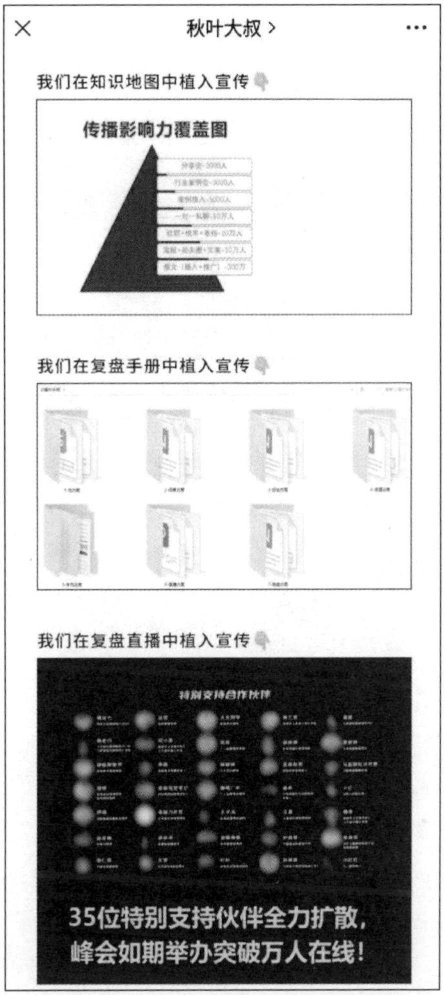

（b）

图 6-13　微信公众号"秋叶大叔"发布的活动直播复盘总结推文

思考与练习

1. 简述抖音的推荐逻辑。

2. 简述引流短视频获得自然推广的基本操作。

3. 如果要在视频号上开展一场活动直播，应如何进行付费推广？

第7章

短视频与直播的数据分析与优化

【学习目标】

➢ 了解短视频的主要数据指标。

➢ 了解直播的主要数据指标。

➢ 了解直播运营的数据分析方法。

➢ 了解直播运营的优化策略。

　　短视频与直播账号所输出的内容，需要不断地复盘和优化，才会变得越来越有吸引力，真正获得用户的喜欢。而复盘和优化的基础，就是数据分析。做数据分析，要先理解各项数据指标，用合适的数据分析方法来分析数据指标，看清楚数据指标背后隐藏的问题，从而解决问题。本章将先介绍短视频与直播的主要数据指标、直播运营的数据分析方法，再介绍直播运营的优化策略。

7.1　短视频与直播的数据分析

　　每一天、每一场短视频与直播的运营活动都会产生很多数据，其中，短视频有短视频的数据，直播间有直播间的数据。这些数据往往反映了一些问题。分析这些数据，有助于运营者找出问题、解决问题、提升运营效果。

▶▶▶ 7.1.1　短视频的主要数据指标

短视频上传后，会进入平台审核阶段，审核用时长短不一。随后，平台会根据审核结果进行流量的尝试分配，实现短视频内容的冷启动，将内容推送给一些用户。这时，短视频就会有一些数据表现，平台会依据这些数据表现进行资源匹配。为了获得平台更多的推荐，运营者在日常运营过程中也需要根据这些数据表现来评判短视频的运营效果。

在实际运营中，运营者需要关注的短视频数据指标主要有播放量相关指标、播放完成度相关指标、互动数据相关指标及粉丝数据相关指标。

1．播放量相关指标

短视频的播放量是最先需要关注的指标。这个指标主要通过对全网累计播放量、同期相对播放量两个方面进行评估。

（1）全网累计播放量

全网累计播放量是指短视频在所有平台的全部播放量。也就是说，如果一个短视频在抖音、快手、视频号、小红书、微博等多个渠道发布，那么，在这些平台的累计播放量即为该短视频的全网累计播放量。

（2）同期相对播放量

同期相对播放量是指该短视频与近期的、相近题材的其他短视频在各个渠道的播放量的对比情况。

以上两个数据，可以让运营者更全面地对短视频的播放效果进行评估，并总结出特定主题在不同渠道的流量规律，从而有针对性地对短视频内容进行优化。

2．播放完成度相关指标

播放完成度相关指标包括完播数量、完播率、平均播放进度3个具体数据。这些数据对短视频创作而言非常重要，可以让运营者了解多少用户会看完短视频、多少用户没有看完短视频、没有看完短视频的用户播放到什么地方关闭了短视频，并找出短视频内容在什么环节影响了用户的观看体验而让用户停止观看，从而制定合适的优化策略。

3．互动数据相关指标

互动数据相关指标是指用户对短视频做出的点赞、评论、转发等互动行为的数据。这些数据都是用户对内容的互动型反馈，因此称为互动数据。

互动数据是可以引导的。运营者可以主动评论、回复评论、将高质量的评论设置为精选评论或者置顶，以引导更多的用户来到评论区进行互动。

除此以外，有的短视频平台还支持发弹幕，比如快手（见图 7-1）。在发布短视频之后，运营者也可以主动发弹幕，吸引更多的用户发弹幕，优化互动数据。弹幕也会成为短视频内容的一部分，成为用户关注账号并进行更多互动的理由。

图 7-1　快手的短视频弹幕

4. 粉丝数据相关指标

粉丝数据相关指标主要是指账号的总粉丝量、新增关注量和取消关注量。

总粉丝量是指一个账号累计的粉丝数量；新增关注量一般按天计算，是账号每天新增的粉丝数量。用户看到一个短视频后，如果还想看该账号发布的其他短视频，可能就会关注该账号，账号当天的新增关注量就会增加。取消关注量就是当天取消关注账号的粉丝数量，也是每天减少的粉丝数量。

了解了这类数据指标后，运营者需要重点关注一些播放量很高但新增关注量很低的短视频，结合观看用户的特点，进行内容方面的优化或者发布策略的优化。

▶▶▶ 7.1.2 直播的主要数据指标

一场直播会产生 6 类数据指标，即用户画像数据指标、人气数据指标、用户行为数据指标、竞争排名数据指标、流量来源数据指标及转化数据指标。

1. 用户画像数据指标

用户画像数据指标包括直播间用户的性别分布、年龄分布、地域分布、直播观众购买意向、全部品类价格偏好等。一般情况下，运营者可以通过第三方数据分析工具采集这些数据指标。例如，第三方数据分析工具"蝉妈妈"显示的抖音某知名"带货"主播直播间的用户画像数据如图 7-2 所示。

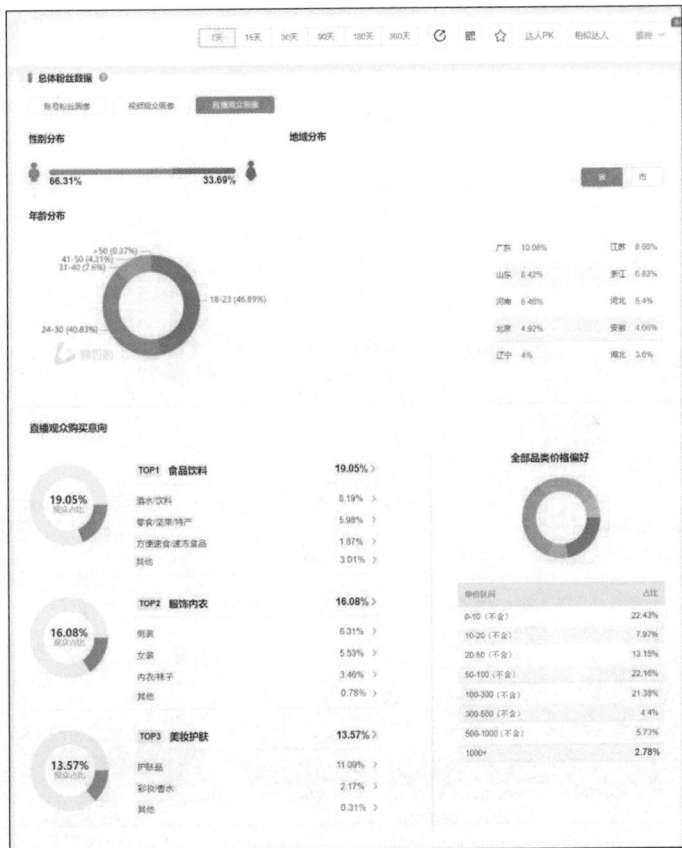

图 7-2　抖音某知名"带货"主播直播间的用户画像数据

从图 7-2 可以看出，该直播间的用户中，男性用户比女性用户多很多。在年龄分布上，18～23 岁、24～30 岁用户占比较高，这两个年龄段的用户可能更偏爱有时尚感的商品，且消费能力普遍较强、消费意愿也较强；在购买意向上，想要购买食品饮料、服饰内衣、美妆护肤商品的用户更多；大多数用户的价格偏好在 300 元以下。

2. 人气数据指标

人气数据指标也叫流量数据指标，人气数据指标包括观看人次、新增粉丝、人数峰值、"转粉"率（新增粉丝数/观看人数）等方面的数据。运营者也需要通过第三方数据分析工具来采集这些数据。例如，第三方数据分析工具"灰豚数据"显示的抖音某知名主播直播间的人气数据指标如图 7-3 所示。

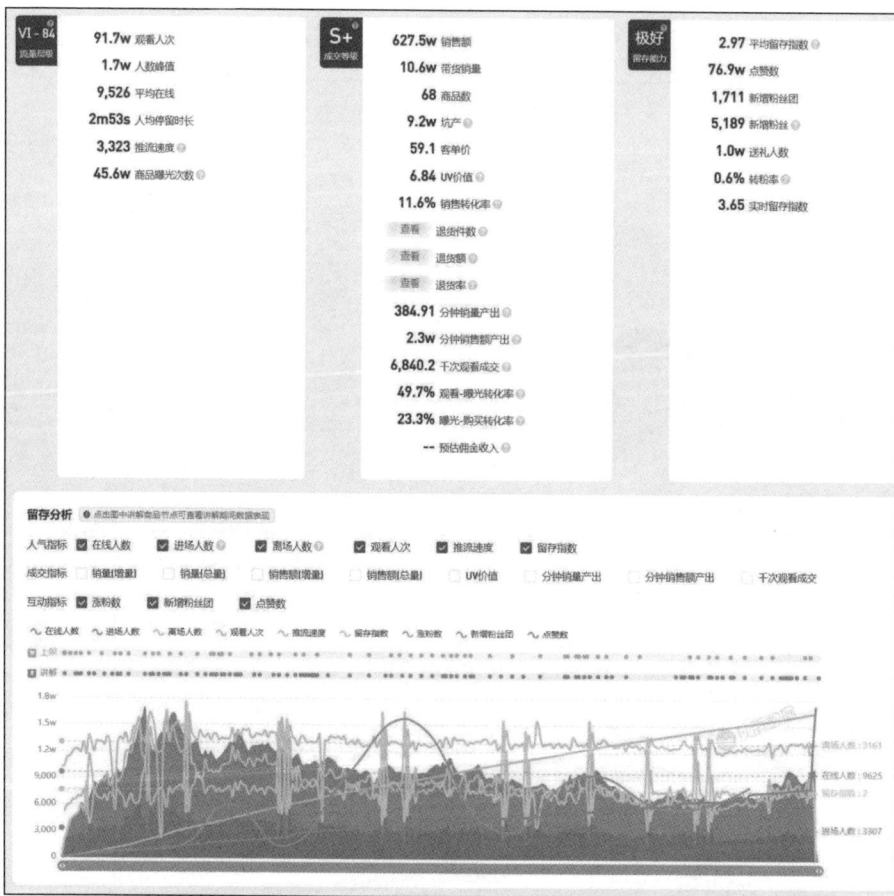

图 7-3　抖音某知名主播直播间的人气数据指标

图 7-3 中不仅包含直播间的人气数据，还有留存分析的波动图。运营者可以根据数据的波动节点来分析数据波动的原因，从而优化直播间的推广方案和互动方案。

3. 用户行为数据指标

用户行为数据指标是指用户在直播间内的行为数据，主要包含点赞、评论、分享、关注、浏览商品、购买商品等行为产生的数据。互动用户数占直播间用户访问数的比例即为本场直播的互动率。

在所有用户行为数据指标中，运营者要特别关注新粉丝的互动数据。因为直播间的流量是由已关注账号的用户和未关注账号的用户构成的，平台愿不愿意为直播间分配更多的流量，在一定程度上是以"新粉"进入直播间后所呈现的停留数据、购买数据及其他行为数据为参考依据的。

4. 竞争排名数据指标

运营者不仅仅要关注自己直播间的运营数据，还要考虑竞争排名数据。

每一个直播间在直播过程中都在和同领域甚至整个平台的直播间做排名对比。平台会实时监测每个直播间的用户停留数据，从而决定是否为直播间分配更多流量。一般而言，排名越靠前的直播间，平台越可能将其判定为优质直播间，进而为其分配更多的流量。因此，运营者在直播运营复盘阶段分析各种数据时，应重视直播间的用户停留数据及相应的竞争排名数据。

5. 流量来源数据指标

在直播数据分析中，运营者还需要注意直播间的流量来源数据。这部分数据有利于运营者了解各种推广方式的效果。

例如，在抖音、快手和视频号等平台，有的用户是在看视频时看到了直播信息才进入直播间；有的用户通过直播广场进入直播间；有的用户通过复制他人链接、点击他人分享的链接进入直播间；有的用户是看短视频时点击账号头像进入的；也有的用户是从关注页进入的；还有的用户是在打开短视频平台时看到了品牌方投放的开屏广告，通过开屏广告进入的。而在电商平台，还有用户是搜索商品时看到店铺直播信息后通过点击商品链接进入直播间的。

一场直播中的流量来源不同，直播效果的稳定性也不同，这就需要采取不同的运营方式。例如，如果直播间的大部分用户是看短视频时看到了直播信息才进入直播间的，那么，运营者就需要保持账号短视频内容的输出，做好直播间的实时付费推广，以维持直播效果的稳定性。

6. 转化数据指标

转化数据是指引导用户成交的数据。在淘宝直播，转化数据主要包括两项内容，即商品点击次数和引导成交金额。其中，商品点击次数是指用户点击直播间上架的商品进入详情页及直接将直播间上架的商品加入自己购物车的总次数；引导成交金额是指用户通过主播的引导把直播间上架的商品加入购物车并且支付成功的总金额。

如果商品点击次数过少，运营者就可以初步总结出两个方面的原因，一方面是主播介绍商品的方式对用户没有吸引力，另一方面是直播间上架的商品对进入直播间的用户缺乏吸引力。对于前者，运营者需要更换主播介绍商品的方式；而对于后者，运营者需要重新分析直播间用户的需求，根据用户需求重新选品，或者根据商品重新调整推广策略，找到真正对商品感兴趣的用户。

如果商品点击次数多，但引导成交金额少，原因可能是商品口碑、商品详情页或商品定价存在问题，从而影响用户做出购买决策。那么，运营者就需要调整选品策略，调整直播间的商品配置或者调整商品的促销方式。

▶▶▶ 7.1.3 直播运营的数据分析方法

目前，直播运营中最常用的数据分析方法是对比分析法和特殊事件分析法。

1. 对比分析法

对比分析法是指将实际数据与基数数据进行对比，通过分析实际数据与基数数据之间的差异，了解实际数据并查找影响实际数据的因素。

根据对比基数的不同，对比分析法可以分为同比分析法和环比分析法。

同比分析是指将当前时间范围内的某个时间位置的数据与上一个时间范围内的相同时间位置的数据进行对比和分析。例如，周同比分析的"本周一与上周一的对比分析"，月同比分析的"12月11日与11月11日的对比分析"，年同比分析的"2022年1月5日与2021年1月5日的对比分析"，等等。

环比分析是指将当前时间范围的数据与上一个时间范围的数据进行对比和分析。例如，日环比分析是指今天与昨天的对比分析，周环比分析是指本周与上周的对比分析，月环比分析是指本月与上月的对比分析，年环比分析是指今年与去年的对比分析，等等。

2．特殊事件分析法

通过对比分析，运营者往往可以找出异常数据。异常数据是指偏离平均值较多的数据，不一定是表现差的数据。例如，在一段时间内，每场直播的新增用户数为 100～200 人，但刚刚完成的那场直播，新增用户数达到 500 人。本场直播的新增用户数与之前相比偏差较大，就是异常数据。

此时，运营者需要采用特殊事件分析法查找异常数据的出现原因。

异常数据的出现往往与某个特殊事件有关，比如直播标签的更改、直播时间的更改、封面风格的更改、热点事件的出现等。运营者在记录日常数据时，也需要记录这些特殊事件，以便在出现异常数据时快速找到异常数据与特殊事件之间的关系。

7.2　直播运营的优化策略

直播间的数据往往能反映出一些问题。每一场直播后，运营者都需要及时为直播活动复盘，分析直播数据，并制定优化策略。根据直播间的数据，运营者可以从以下几个方面来优化直播间的运营。

▶▶▶ 7.2.1　引流方式优化

如果进入直播间的用户不多，那么运营者就需要做好直播间的引流。直播间引流方式的优化可以从以下 3 个角度来进行。

1．引流渠道的优化

直播引流渠道有私域流量渠道和公域流量渠道之分。运营者可以通过在私域流量渠道和公域流量渠道同步进行直播宣传，快速提高直播活动的热度。

（1）私域流量渠道

运营者可以进行直播引流的私域流量渠道有电商平台店铺、微信公众号、微信朋友圈和社群等。

第一个私域流量渠道是电商平台店铺。拥有淘宝店铺（含天猫店铺）、京东店铺、拼多多店铺等电商平台店铺的运营者，可以在店铺首页、商品页、商品详情页等位置宣传直播信息，以便关注店铺的用户了解直播信息。图 7-4 所示为小米官方旗舰店主页的直播信息，用户点击直播画面即可进入该店铺关联的淘宝直播间。

图 7-4　小米官方旗舰店主页的直播信息

第二个私域流量渠道是微信公众号。运营者可以在微信公众号中以长图文的形式介绍直播信息，同时插入贴片或海报，更清楚地说明直播的时间和主题。例如，某主播在微信公众号中推送直播预告文章，并在文章里以海报的形式介绍直播间所要推荐的商品，如图 7-5 所示。

第三个私域流量渠道是微信朋友圈。运营者可以让每个团队成员在微信朋友圈发布与直播相关的图文动态，作为直播预告。例如，视频号"秋叶大叔"每次直播前，秋叶团队成员都会在微信朋友圈发布直播预告，如图 7-6 所示。

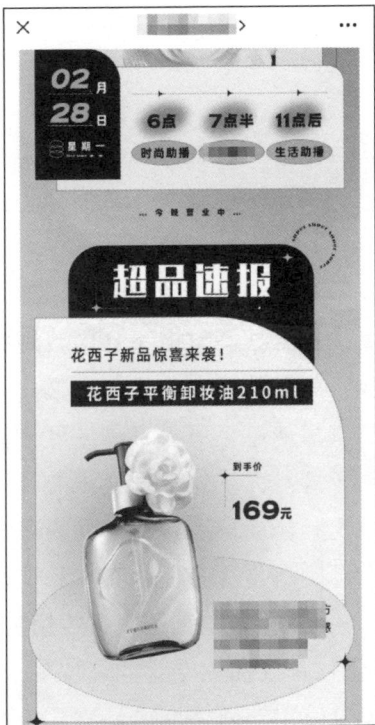

图 7-5　某主播的微信公众号推文里的
直播商品海报

图 7-6　微信朋友圈的直播预告

　　第四个私域流量渠道是社群。运营者可以创建直播账号的粉丝群、主播的粉丝群、品牌的会员群或者其他社群，在直播开始前，将直播预告发布在社群内，以引导社群用户到直播间观看直播。预告方式可以是短视频，也可以是宣传图，还可以是文字。例如，秋叶团队在直播前会在社群内发布多种形式的直播预告，如图 7-7 所示。

图 7-7　社群内多种形式的直播预告

（2）公域流量渠道

公域流量渠道即平台渠道。常用的公域流量渠道包括抖音、快手、视频号等短视频平台，以及微博。

首先是短视频平台。在开播前 3 小时，运营者可以在抖音、快手、视频号等短视频平台发布短视频来预告直播信息。利用短视频发布直播预告主要有两种方式。

一种方式是由常规的短视频内容和直播预告信息组成的短视频，即发布含有直播预告信息的短视频。采用这种直播预告方式基本上不会削减短视频平台用户的观看乐趣，可以为主播和账号吸引更多的用户。然而，这样的短视频只是预告了直播时间，并不能充分预告直播信息，不太容易做到为直播间引流。当然，如果运营者有一定的短视频策划能力，能根据直播内容和直播主题创作出兼顾优质内容和引流目标的短视频，就可以用有趣的内容吸引短视频平台的用户观看直播，同时也能较为准确地传达直播的亮点和价值。

另一种方式是以直播预告为主要内容的短视频，即纯直播预告式短视频。"带货"直播采用这种预告方式，可以进一步强化主播的专业"带货"人设，也能充分展示直播"带货"的核心内容，能够吸引对直播间商品感兴趣的用户观看直播。从这个角度来看，这种方式可以为直播间精准引流。

其次是微博。一些电商平台的"达人"直播可以在微博进行直播宣传预热，吸引微博用户到直播间观看直播。很多淘宝直播的知名主播都会在微博发布直播预告。运营者也可以在微博开通名为"××（主播名字）直播官方微博""××（主播名字）直播预告小助手"的账号，专门发布直播预告内容。这种方式可以让感兴趣的用户去直播间"蹲守"自己想要的"好物"。

由于微博和淘宝属于合作关系，运营者可以将淘宝直播的直播信息发布在微博平台上。例如，天猫平台的"海尔热水器旗舰店"在自己的微博账号"海尔热水器"发布了淘宝直播信息，开播时，其微博会出现一条内容，内容来源显示"来自淘宝直播"，内容中的配图也会显示"直播中"，方便微博用户直接进入直播间观看。

2. 引流内容的优化

日常直播中，引流内容主要有两种：引流短视频和直播间本身。这两种引流内容的优化方式有所不同。

（1）引流短视频的内容优化

如果在直播过程中投放了引流短视频，运营者要注意收集引流短视频的数据，尤其是用户行为数据，据此分析用户的观看行为和点赞行为，从而找出引流短视频内容层面的不足之处和优化方法。例如，一条 20 秒的引流短视频，播放至第 10 秒时，用户只剩下 40% 了，这就说明引流短视频的前 10 秒不够吸引用户，导致超过半数的用户看不到 10 秒就"划"走了。而在引流短视频的第 10 秒，有 80% 的用户点赞，也就是说引流短视频的亮点在第 10 秒。如果将引流短视频的亮点往前移，或者增强前 10 秒的吸引力，引流短视频的观看效果会好很多。

（2）直播间本身的推广优化

如果在直播过程中投放的引流内容是直播间本身，即直接"加热"直播间，那么影响"加热"效果的，可能是用户匹配度。如果直播间本身的引流数据不好，那么可能的原因是，平台为直播内容匹配的目标用户中有超过 50% 的用户是无效的。为此，运营者应该优化账号的标签、直播间的标签，以促使平台将直播间推荐给更多合适的目标用户。

3. 引流时间的优化

对于开播时间不稳定、频率不高、直播时间较长的直播间，运营者还需要注意直播预告信息的发布时间。直播预告信息的发布时间应该与平台用户的活跃时间一致，且要与开播时间有一定的间隔。

一般情况下，19:00—21:00 是大多数上班族的休息时间，他们更可能在这个时间段观看直播，因此，这个时间段往往是直播间用户较多的时候，也是很多主播首选的开播时间。不过，直播预告信息不能在这个时间段发出。由于发布直播预告信息的目的是引流，运营者需要在开播前就让目标用户看到直播预告信息。

运营者发布直播预告信息的时间不能距离开播时间太远，否则很容易让用户遗忘；但也不能距离开播时间太近，否则可能会影响预热效果。运营者可以在正式直播前 1～3 天发布直播预告信息，为直播间引流。采用这样的时间节奏，主要有以下两个方面的优势。

一方面，由于网络热门信息的发酵期是 2～3 天，在这段时间内，看到直播预告信息的用户数量会达到顶峰。在直播预告信息发布 1～3 天后开播，可以避免直播预告信息热度衰减。

另一方面，运营者提前 1～3 天发布直播预告信息，可以给主播及其团队一些时间准备应对突发情况的预案。运营者可以在此期间了解用户对直播的期待程度，及时调整直播方案；也可以避免直播预告信息被突然爆发的其他网络热点完全掩盖，同时给被其他网络热点吸引的用户一个缓冲期。在提前做好直播预热的前提下，直播前即使发生一些突发状况，运营者调整直播计划中的小部分内容即可从容应对。

由于短视频平台、微博、微信公众号、微信朋友圈等都可以成为主要的直播预告平台，因此，运营者需要了解这些平台的用户活跃时间，并在用户活跃时间发布直播预告信息。根据经验，最适合发布直播预告信息的时间是达到用户活跃峰值前半小时，这样既不会因平台的审核而影响用户观看，又能给目标用户更多的反应和转发时间。

此外，运营者还需要注意，直播预告信息的发布时间一般不宜选在周末，因为这是很多平台的内容发布高峰期。例如，微信朋友圈、微信公众号、微博等平台上的用户会在周末发布较多的动态。运营者发布直播预告信息要注意避开这一内容发布高峰期，以免直播预告信息被其他信息淹没。

▶▶▶ 7.2.2　直播策略优化

如果用户在直播间停留的时间很短，那么，运营者就要考虑优化直播策略，以增强直播间的吸引力。具体可以优化以下 3 个方面。

1. 直播时长

直播时长会影响直播效果。做公域直播，运营者需要知道一场直播的时长越长，就越容易获得平台的推荐，有的直播间为了长期抢占推荐位而每天直播 24 小时。而做私域直播，比如为付费用户开设的专场直播，不需要去抢占公域流量，直播时长不宜太长，直播不宜太频繁，以免打扰用户的正常生活。一般而言，一场私域直播的时长最好在 1 小时左右，不要超过 2 小时；也不必每天直播，每周进行 1 场直播即可，最多进行 2 场直播，且应有间隔。

2. 直播间嘉宾

主播及其团队可以凭借自己的人际关系邀请各个领域的名人担任直播间嘉宾。请名人担任直播间嘉宾有诸多好处。

第一，这些名人往往拥有很大的粉丝基础，自带流量。名人担任直播间嘉宾，名人的粉丝也会到直播间观看直播。

第二，名人担任直播间嘉宾，可以让原本普通的直播"带货"内容因为增加了与名人的互动而变得更为丰富，让直播间的"带货"内容更有看点。

第三，直播结束后，主播的名字可能会和名人的名字一起登上"热搜"，有助于增强主播和直播间的影响力。

第四，直播结束后，运营者可以把直播间的互动内容做成短视频在短视频平台传播，进一步提升主播的知名度。

3. 与其他主播"连麦"

目前，"连麦"已经成为各个平台的常见玩法。直播前选择合适的"连麦"对象，直播时进行"连麦"，有助于提高直播间的人气。

在与其他主播"连麦"的直播间，用户进入其中一位主播的直播间后，可以随时切换到其他主播的直播间，而且在任何一位主播的直播间都可以看到、听到所有"连麦"主播的表情、动作和言语。因此，主播可以引导进入直播间的用户关注自己的账号，也可以主动引导自己直播间的用户关注"连麦"主播的账号、去"连麦"主播的直播间看看，从而让"连麦"主播引导其直播间的用户回赠关注。这是一种互惠互利的交流方式，可以提高直播间的热度。

▶▶▶ 7.2.3 商品优化

商品优化包括商品选品优化、商品售卖组合优化及商品价格优化。

1. 商品选品优化

选品需要选出印象款商品、引流款商品、利润款商品、"宠粉"款商品，以满足直播间内不同用户的需求。

任何一场直播的选品，都要保证商品的质量。在直播间销售商品，主播、直播间甚至是平台都需要为商品的质量负责。在为商品设计介绍话术时，也应实事求是，不可虚报功能、夸大效果或者弄虚作假。主播在直播间说的话都是对用户的承诺，主播需要对自己说的话负责任。

不管是过去传统的营销方式，还是现在新媒体时代的短视频营销、直播营销、社群营销，营销的关键都在于用户对销售者的信任。不管是"达人"直播、品牌自播还是店铺自播，都需要凭借商品的好品质和准确的商品介绍建立信任，才有机会促成交易。如果直播间有欺骗行为，信任破裂后，用户就会迅速流失，不会再回头。

2. 商品售卖组合优化

直播间的商品售卖组合包括 3 种策略：单品销售策略、套装销售策略及买赠组合销售策略。每一种销售策略的使用方法如下。

（1）单品销售策略

使用单品销售策略的商品通常是一个时期的主推商品，也是支撑直播间利润的商品。主推商品一般是持续热销的商品，时效性不强，在全年都有不错的销量。运营者可以选择销量高、用户评价好、符合主播人设、符合直播间风格的商品作为主推商品，同时将其定位为代表主播和直播间的形象商品。

（2）套装销售策略

使用套装销售策略的商品可以是支撑直播间销量的畅销商品。畅销商品一般是有时效性的，往往只能给直播间带来短期的突出销量。当其他商品变得火爆之后，该商品销量就会下滑，甚至成为快要被淘汰的滞销商品。例如，春节前，春联、红包、窗花都是非常畅销的商品，但是等过了这个时期，这些商品的销量可能就会锐减，也就不再适合销售了。因此，在这些商品销量最高的时间段，趁很多用户都有购买需求的时候，直播间可以将这些商品组合成套装，以较为实惠的套装价格进行销售。

（3）买赠组合销售策略

买赠组合销售策略即为所销售的商品设定一个价格，同时赠送一个其他商品的策略。合适的赠品是用户使用购买的商品时会用到的附属商品。

例如，主播在直播间销售卸妆水，就可以将卸妆棉作为赠品；销售毛衣，可以将毛衣链作为赠品；销售手机，可以将手机壳和贴膜作为赠品；销售咖啡，可以将咖啡杯和勺子作为赠品；等等。采用这样的销售策略，可以给用户带来一种贴心的感觉。因此，即使买赠组合销售策略下商品价格偏高，用户一般也能接受。当然，与单品相比，买赠组合销售策略的"差价"不能超过赠品的平常购买价格。

此外，还需要注意的是，采用买赠组合销售策略时，赠品应该在直播过程中多次出镜，由主播亲自使用，以增强用户对赠品的记忆及对赠品价值的认可。

3. 商品价格优化

运营者要注意收集同品牌同款商品和其他品牌同类商品在其他直播间、

其他平台的实际销售价格，然后根据成本和预期利润制定自己的价格。在没有获得足够的用户信任和支持时，应该设定稍低于主要竞争直播间的价格，这样既能吸引用户的注意力，又能在用户购买使用后提高用户的信任度并增强用户黏性。

而对于品牌方搭建的官方直播间，由于其已经通过数年甚至数十年的运营得到了大量用户的信任和一定的市场知名度，就可以通过"打折促销""超多福利"等有吸引力的优惠策略，快速吸引目标用户。

此外，还需要注意的是，任何一款商品都是有生命周期的。在直播间，今天的"爆款"，明天可能就会被市场淘汰；今天发现的独特新品，明天可能就会被其他直播间跟风销售。对于直播间来说，"爆款"被淘汰、"被跟风销售"是无法避免的。运营者不仅需要为直播间的商品做好选品、售卖组合优化和定价，还需要及时为直播间进行品类升级。

▶▶▶ 7.2.4 直播话术优化

主播需要使用合适的直播话术，以获得用户的信任，让用户意识到自己的消费需求，从而产生购买行为。直播话术优化可参考以下 5 个要点。

1. 话术风格应符合主播的人设

主播的人设不同，话术风格也应有所差别。例如，专家或导师人设的主播，需要干练、理性，话术风格应为简洁明了，不过多重复，不拖泥带水；"高情商"人设的主播，则需要在直播过程中多使用鼓励、赞美和"自嘲"式的话术；"朴实""邻家哥哥/姐姐"人设的主播在直播过程中尽量不使用华丽的词语，但需要把平淡的话语说出深意，以突出人设的特点；"才女"或"才子"人设的主播，其词汇量要丰富，措辞要准确，对大小事件都能精准点评；等等。

需要注意的是，有的主播喜欢用一些口头禅来塑造自己的独特风格。然而有些口头禅是会影响用户体验的，比如"我说清楚了吗？""大家听明白了吗？"这些质疑用户理解能力的话语，是不宜出现在直播间的。

2. 介绍商品特点时多使用口语化的表达

品牌方撰写的商品文案多是严肃且正式的。在直播间，如果主播直接念品牌方撰写的商品文案，用户可能记不住商品的特点，而如果主播能将这些文案内容用一种更贴合日常交流情景的话语表达出来，可能更容易让用户了解商品。

例如，某品牌智能摄像头的文案是"无惧黑夜，高清红外夜视：采用 8 颗 OSRAM 专业纳米环保 LED 红外补光灯，在夜间全黑环境下也能呈现高清画质"。在直播时，主播不必念文案，用更通俗的话语将商品特点说清楚，并为这段文案描述一个使用场景即可。主播可以说："这款摄像头，因为有红外夜视功能，晚上即使关了灯，拍的视频也是很清楚的。"这样一段浅显易懂的日常话语，加上直播现场的操作演示，就能让用户更直观地了解商品的使用价值，更容易产生购买行为。

3. 话术需要搭配合适的情绪

直播就像表演节目，主播就如表演节目的演员，演绎到位才能吸引用户。演绎到位意味着，主播不仅要说好"台词"，还需要为"台词"配上能打动用户的面部表情和丰富的肢体动作，以表现相应的情绪。试想一下，如果主播平淡地说着商品的某些特点，那么用户可能会觉得商品"没什么特别之处""主播都懒得介绍"；而如果主播在介绍商品时面露兴奋，语调欢快，言语间尽是赞美之词，那么用户就会被主播的情绪感染，将注意力放在商品的特点上，会觉得主播介绍的商品值得购买。

换言之，主播在直播间介绍商品时表现出的情绪，如兴奋、激动等，远比"台词"本身更有感染力。当然，对于没有接受过表演技能训练的普通人来说，如果内心平静，面部表情和肢体语言也就不容易传递出"激动""兴奋"等情绪。因此，主播要尽可能站在用户的角度去看待商品，去发现商品的独特价值。

4. 不同的直播内容需要不同的语速

主播在直播间推荐商品时，语速不能太慢，过慢的语速满足不了用户获取很多信息的需求，也容易让主播给用户留下无精打采、懒怠、拖沓的印象；但语速也不宜过快，过快的语速会让用户听不清内容，来不及理解，影响用户对信息的接收。

对于日常生活中非常熟悉的语言，如果讲述的内容不多，听者对信息的接受程度可以达到每秒 7~8 字；而对于较多的内容，听者对信息的接受程度是每秒 4~5 字，即每分钟 240~300 字。不同年龄、不同文化程度、不同职业的用户，对语言的理解能力是不同的。因此，如果根据照顾大多数用户的原则，主播在直播间使用每分钟 250~260 字的语速是比较合适的。在此范围内，主播还可以根据直播内容灵活切换语速。例如，在催促用户下单时，语速可以适当快一些，提高到每分钟 280 字左右，以营造紧张的氛围；如果要讲专业性较强的知识，语速可以稍微慢一些，降低到每分钟 240 字左右，以体现内容的权威性；讲到关键之处时，可以突然放慢语速或增加停顿，以提醒用户注意倾听。

此外，语速还应根据直播间的风格而定。有的用户喜欢快速的、热烈的氛围，那么快语速是合适的。而有的用户群体喜欢安静，喜欢思考，他们更容易被缓缓讲述的场景吸引。以这些用户为目标用户的直播间，主播并不适合使用快语速，讲述时慢一些，营造"熟人相对，娓娓而谈"的温暖氛围，不去营造督促购买的氛围，反而更容易留住用户、促成交易。

5．不同直播阶段需要不同的话术

一场直播从开始到结束，从氛围的角度来看，可分为开端期、舒缓期、提神期、释放期 4 个阶段，每个阶段的话术的具体作用依次是吸引用户观看、舒缓用户情绪、刺激用户下单、触发用户期待，各个阶段的话术设计要点如下。

（1）开端期

为了营造用户对直播间良好的第一印象，主播需要用热情的话语欢迎进入直播间的用户，用有互动感的话语来活跃气氛，用直播亮点预告等方法吸引用户留在直播间内观看。

（2）舒缓期

在一个环节结束后，比如介绍完一款商品后，主播可以通过讲笑话、唱歌、聊天等形式，缓解用户的压力和紧张，缩短自己和用户之间的心理距离。

（3）提神期

在直播间用户较多时，主播可以用兴奋的、激动的语气和话语进行抽奖送福利、惊喜价促销、"宠粉"价促销等活动或者推出让用户兴奋的稀缺商品，再次活跃直播间气氛，吸引更多用户进入直播间，促成直播间的营销转化。

（4）释放期

在一场直播的尾声，主播需要真诚地向用户和工作人员表示感谢，提高用户的满意度，并重点介绍下一场直播中有吸引力的商品和活动，让用户对下一场直播产生期待。

▶▶▶ 7.2.5　互动环节优化

要想让用户在直播间停留、与主播互动，活跃直播间的气氛，发红包和抽奖环节必不可少。

1. 发红包

主播在直播间发红包，可以让用户看到具体的、可见的利益，是聚集人气、营造热烈互动氛围的有效方式。主播发红包时应注意以下要点。

（1）约定发红包的节点

约定发红包的节点，即在正式派发红包之前，主播需要告诉用户将在什么情况下发红包，并建议用户邀请更多的小伙伴进入直播间，参与抢红包活动。这样的预告话术，一方面可以活跃直播间的气氛，另一方面可以快速增加直播间的流量。

发红包的节点应选在流量节点或者互动节点,如点赞数满1万时发红包。这样的发红包节点会激发用户点赞或转发的积极性，能够更快地提升直播间的人气。需要说明的是，不宜在时间节点发红包，以免用户只在指定时间进入直播间抢红包，抢完红包就离开直播间。

（2）选择发红包的场合

一般而言，发红包的场合可以是直播间，也可以是社群。

选择在直播间发红包，到约定节点时，主播可以与助理一起为发红包环节进行倒计时，以活跃直播间的气氛，同时也可以让用户产生抢红包的紧张感。

而如果想要获得更多的私域流量，则可以选择在社群内发红包。

在社群内发红包的具体操作方法是，主播先推荐一款商品，待感兴趣的用户下单后，邀请用户加入专门为已购买用户搭建的微信群，或者直接邀请所有感兴趣的用户加入在直播平台上搭建的粉丝群，并使用这样的话术："现在又要开始我们的发红包环节了，我们马上就会在粉丝群发放大额红包，没有进群的朋友们赶紧进群了。进群方法是，点击直播间……朋友们快点入群，主播马上就要发放大额红包了！"在介绍进群方法时，主播或助理可以拿着手机，对着镜头演示如何加入粉丝群。随后，主播进行10秒倒计时，让粉丝群里的用户做好准备，倒计时结束即开始发红包。发完红包后，主播或助理可以在镜头前展示抢红包的画面和抢红包的人数。

2. 抽奖

一般而言，抽奖主要有两个目标，一是活跃直播间的互动气氛；二是吸引用户关注直播间并产生购买行为。

基于这两个目标，主播可以在直播间发起 3 种抽奖活动：一键评论参与抽奖、回答问题参与抽奖、下单自动抽奖。

（1）一键评论参与抽奖

若直播间有抽奖活动，用户进入直播间，可以选择是否参与直播间的抽奖。如果要参与抽奖，用户就需要在评论区发布指定内容。而为了降低用户的参与门槛，主播可以设计"一键评论参与抽奖"的方式，如图 7-8 所示。这样，用户只需要点击"一键评论参与抽奖"按钮，即可自动评论指定内容，自动参与抽奖。这样的抽奖方式门槛低，用户参与度会更高。

图 7-8　直播间的"一键评论参与抽奖"按钮

（2）回答问题参与抽奖

回答问题参与抽奖即主播可以根据商品详情页的内容提出一个问题，让用户到商品详情页中找答案，然后在评论区给出答案。主播或助理随机抽取回答正确的用户，被抽中的用户可以得到一份奖品。

这是一种参与门槛略高的抽奖方式，有 3 个方面的好处。首先，用户需要查看商品详情页以寻找答案，因而可以提高商品详情页的点击量；其次，用户在寻找答案的过程中需要详细查看商品详情页，从而加深用户对商品的了解，提升用户购买的可能性；最后，用户通过评论与主播互动，也会提升直播间的互动热度。

（3）下单自动抽奖

下单自动抽奖是主播给下单用户的福利，可以提高下单用户的满意度。这是参与门槛更高的抽奖方式。

需要注意的是，这 3 种抽奖方式的参与门槛是不同的，奖品的设置也应有所不同。参与门槛低的抽奖方式，可选销售价格较低的商品当奖品，数量可以少一些；参与门槛高的抽奖方式，应选择主播推荐过的商品，可以是新品，也可以是前期的"爆品"，数量可以多一些，以激发用户的参与兴趣。

▶▶▶ 7.2.6　店铺口碑维护

如果进入直播间的用户很多，但转化效果不太好，一个可能的原因是店铺口碑影响了用户的选择。店铺口碑是很多运营者比较容易忽略的一个运营要点。运营者如果一开始没有注意到，等看到低评分的时候才想要维护，往往就不太容易了。因此，从进行第一场"带货"直播起，运营者就需要注意维护自己的店铺口碑。

不同的直播平台，有不同的影响店铺口碑的因素。

在抖音，店铺口碑分是由商品体验、服务体验和物流体验 3 个部分加权计算得出的，如图 7-9 所示。在快手，店铺口碑是指购物星级体验，主要是由商品质量、客服服务、物流速度和售后体验 4 个部分决定的，如图 7-10 所示。在点淘，店铺口碑是指综合体验，主要由描述相关、服务态度、物流服务等多项内容评估，如图 7-11 所示。

图 7-9　抖音某店铺的店铺口碑分

图 7-10　快手某店铺的购物星级体验

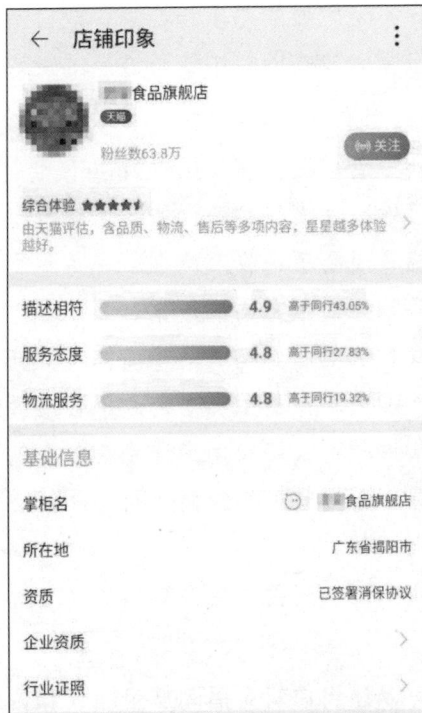

图 7-11　点淘某店铺的综合体验

可见，尽管店铺口碑的评分方式略有不同，但归结起来，主要涉及商品评价、物流体验和客户服务 3 个方面。因此，运营者也需要从这 3 个方面维护店铺口碑。

1. 商品评价

商品评价的初衷是引导已消费的用户表达对商品的看法，从而帮助其他用户做出消费决策。

然而，在如今的网购平台上，有的运营者为了促成交易，可能会通过给予用户利益的方式引导一些用户给出不太真实的"好评"。这种方法在短期内可能会对店铺的销量有促进作用，但这种"好评"会给想要购买的用户一个较高的期望值，导致用户收到商品后产生"不满意"的感觉，从而给出差评。这样反而不利于店铺口碑的维护。

运营者应该引导用户给予理性的评价。在此基础上，对于用户自发给予的好评，运营者应感谢用户的认可和支持，表示会继续努力；而对于用户提出的商品问题，运营者应诚恳地解答，如果商品确实存在不足之处，运营者就需要向用户表明解决不足之处的态度和计划，以打消旁观用户的顾虑；对于无法解决的问题，运营者要在回复中给予诚恳的道歉及退换货建议。

2. 物流体验

要创造良好的物流体验，运营者需要做好以下几个方面。

首先，选择物流运输有保障的物流合作商。在考虑物流合作商时，运营者不仅要考虑物流价格，更要考虑物流商在发车（到货）准点率、破损率、丢失率、签单返回率等物流质量方面的数据。

其次，与用户共享物流信息。及时的物流信息更新和物流信息共享，能让用户随时随地了解物流进度，避免由于沟通不畅导致的误会。

再次，在物流运输过程中，如果用户遇到物流上的问题，运营者要积极帮助用户查询相关信息，积极联系物流商了解问题，协调和解决问题，并及时向用户反馈问题处理情况。

最后，尽可能为用户提供完善的退换货服务。

3. 客户服务

优质的客户服务可以让用户对直播间产生信任和依赖。在购物的过程中，用户需要的是有热情的客服来解答问题，而不是机器人的模式化回复。因此，不管是直播过程中的客户服务还是关联店铺的售后服务，客服都不可忽略用户的诉求，更不能过度使用自动化回复、套路化回复来"应付"用户。

思考与练习

1. 简述短视频与直播运营中的主要数据指标。
2. 简述直播运营的优化策略。

第8章

短视频与直播的运营案例分析

【学习目标】

➤ 通过实际案例了解家电品牌的短视频与直播运营策略。

➤ 通过实际案例了解生鲜行业的短视频与直播运营策略。

➤ 通过实际案例了解知识付费领域的短视频与直播运营策略。

前面讲述了短视频与直播运营的方法，那这些方法在实际中是如何运用的，效果如何？本章将通过3个行业的知名品牌的案例，从短视频的运营策略和直播间的运营特点两个角度来介绍短视频与直播运营方法在实践中的作用。每个案例使用的方法有限，在实践中，运营者还需要结合自己的行业特点、运营目标尽可能多尝试一些方法，在不断地总结和优化中找到适合自己的运营方法，并积累运营经验。

8.1 美的小家电：家电品牌的短视频与直播运营

美的小家电是指美的品牌的小家电品类。这个品类先是在抖音开设了一个名为"美的生活旗舰店"的账号，作为美的品牌小家电品类专属的短视频与直播账号，此抖音账号运营一段时间后又改名为"美的Midea旗舰店"。为方便讲述其运营特点，在此仍使用"美的生活旗舰店"账号名。

截至 2022 年 4 月，抖音账号"美的生活旗舰店"有超过 45 万粉丝，发布了 300 多个短视频作品。目前，该抖音账号关联的品牌自营店铺"美的 Midea 旗舰店"，店铺口碑分比较高，如图 8-1 所示。

图 8-1　抖音账号"美的生活旗舰店"关联店铺口碑分

▶▶▶ 8.1.1　短视频的运营策略

抖音账号"美的生活旗舰店"发布的短视频风格多样，包括幽默剧情类短视频、商品介绍类短视频、美食烹饪类短视频。除了商品介绍类短视频外，其余两类短视频的内容都与美的小家电商品有所结合。尤其是美食烹饪类短视频，短视频中使用的烹饪厨具都是美的小家电。这样的设计既新奇有趣，又能恰当地展示美的小家电的使用场景。

抖音账号"美的生活旗舰店"的短视频运营策略有以下几个特点。

1. 多平台运营

"美的生活旗舰店"是美的小家电在抖音的短视频与直播账号（见图

8-2），而在快手，美的小家电的账号叫"美的生活小家电旗舰店"（见图 8-3），两个店铺的主体是一样的。

<table>
<tr><td>图 8-2　美的小家电的抖音账号</td><td>图 8-3　美的小家电的快手账号</td></tr>
</table>

两个账号的头像一样，都是美的的品牌 Logo。这是企业账号的专属形象，是企业账号的运营基础。

从图 8-2 和图 8-3 中可以看出，两个账号的简介不同，但核心内容都与直播相关，包含直播预告和直播间福利提醒。可见，这两个账号的运营目的都是开展品牌"带货"直播。

2. 短视频兼具营销性和趣味性

抖音账号"美的生活旗舰店"所发布的短视频，兼具幽默、趣味性和商品营销 3 个方面的价值。抖音账号持续稳定输出这样的内容，在达成企业营销目的的基础上，既能增强品牌的影响力，又有利于账号本身"圈粉"。

"美的生活旗舰店"所发布的短视频主要分为以下几种。

（1）商品广告类短视频

这类短视频包含商品的名称、外形、功能用法等内容。该账号发布的商品广告类短视频，如图 8-4 所示。

（2）加入了商品信息的剧情类短视频

该账号发布的一些剧情类短视频，虽然拍摄的是有趣的剧情，但在剧情中展示了商品的信息、商品的特点、商品的使用场景，让用户在愉悦的观看体验中加深了对品牌、商品的印象。

图 8-4　商品广告类短视频

（3）主题系列短视频

不管是在抖音还是快手，该账号都发布了主题系列短视频。抖音账号"美的生活旗舰店"发布的"别人的 VS 我做的"主题系列短视频，如图 8-5 所示。这样的短视频会让用户有一种看电视连续剧的感觉，用户看过其中一条短视频后，就会想要继续观看该主题系列中的其他短视频。

图 8-5　主题系列短视频

（4）职场风格的趣味短视频

用户往往会对知名企业的工作方式、工作氛围感兴趣。美的作为知名企业，其抖音账号"美的生活旗舰店"会发布一些职场风格的趣味短视频，以吸引用户观看，如图 8-6 所示。尽管这些内容不一定是真实的，但因为其具有极强的趣味性，也能赢得用户的好感。

（5）借势热点的短视频

借势热点是做好内容营销的关键法则之一。抖音账号"美的生活旗舰店"也会发布借势热点的短视频，比如围绕某位运动员在比赛中获得金牌而设计的短视频。这样的短视频虽然以热点为核心创作内容，但还是会提到商品及其特点，以实现借势营销。

3. 多平台的差异化运营

美的小家电虽然在抖音和快手两个短视频平台上都创建了账号，但两个账号依据各自平台的特点，创作了符合各自平台特征的内容，因而在两个平台都积累了很多粉丝。

例如，在抖音，短视频的主要出镜人员是女性，展示的美食制作过程是美好型的；而在快手，其中一个系列的短视频出镜人员是男性，展示的美食制作过程是搞怪型的。

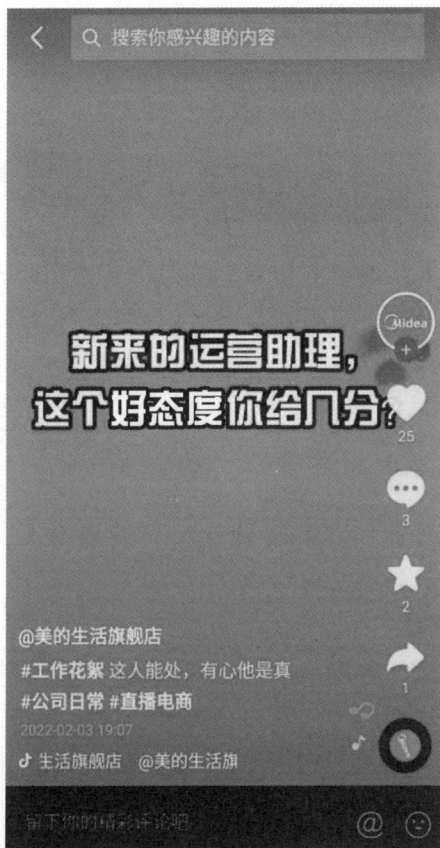

图 8-6 职场风格的趣味短视频

这样的差异化运营，让两个账号都拥有了自己的粉丝，即使有的粉丝是抖音和快手的双重用户，也不会在抖音和快手看到相同的内容，不会因为"一个内容看了两遍"而取消关注其中一个平台的账号。

▶▶▶ 8.1.2　直播间的运营特点

美的小家电的直播间，销售的主要是美的的小家电类商品。虽然美的小家电在抖音和快手上都创建了账号，短视频的内容略有不同，但直播间的内容却是相似的。以抖音为例，"美的生活旗舰店"的直播间主要具有以下运营特点。

1．明确说明售后服务有保障

用户在直播间购物时，可能会出现不太相信直播间的品牌销售资质而在直播间询问"在直播间买东西，售后服务怎么办"一类问题的情况。在"美的生活旗舰店"的直播间，主播看到用户提出这样的问题后应立刻正面回答"如果在直播间购买的商品有售后问题，您可以联系美的品牌客服"并报出美的品牌的客服电话。

同时，为了证明自己说的方法是有用的，主播也会向直播间的用户强调，本直播间是美的官方直播间，自己是美的公司的员工，并在直播时展示自己佩戴的工牌。

2. 强调价格优势

在讲解商品时，主播会强调直播间的价格比其他平台的价格低。例如，某次在直播间介绍一款电蒸锅时，主播现场用手机打开品牌的天猫旗舰店实时展示价格，以突出直播间的价格确实是非常优惠的，以此刺激用户的购买欲。

3. 分批次上架商品

对于一款商品，主播会根据直播间的用户互动情况分批次上架。由于直播间的用户是随进随出的，每当有新用户进入直播间时，主播都会快速讲解商品的特点、价格，回答用户的问题，同时引导想要购买的用户在评论区互动，然后根据用户的互动反馈上架数量合适的商品。例如，直播间互动反馈人数少的时候上架 5 台，互动反馈人数多的时候上架 20 台，待上架的商品售完后，再进行下一次的讲解和下一批次的上架。

这样的销售方式有 3 个优势。一是可以筛选出想要购买的用户，根据用户的反馈来了解用户对商品的需求度，按照需求度上架商品；二是可以营造商品一上架就在短时间内售完的火爆氛围；三是可以让在不同时间进入直播间的用户都能看到热销商品的相关信息，也能购买到热销商品。

8.2　盒马：生鲜行业的短视频与直播运营

盒马是一个主营生鲜商品的实体店铺品牌。盒马的消费人群主要是有消费能力的"80 后"和"90 后"，这一人群的特点是喜欢精致的生活、喜欢尝试新鲜事物。目前，大多数的"90后"已经进入职场，因而"90后"正慢慢成为盒马的主要消费人群。

对于盒马的主要消费人群来说，他们更关心商品的品质，喜欢用商品来打造他们的精致生活。基于这样的生活态度，相较于实惠的、大众化的商品，他们可能更喜欢新鲜的、有创意的、符合自己心意的商品。基于这样的生活方式和生活态度，盒马为这一人群推出了一些特色商品。

抖音账号"盒马"是盒马在抖音开设的短视频与直播账号，账号主页如图 8-7 所示。从"盒马"的账号主页可以看到，账号简介中只有短视频内容的价值信息，而没有显示账号的直播信息。可见，相对于直播间的运营来说，目前的抖音账号"盒马"更注重短视频运营。

图 8-7　抖音账号"盒马"的主页

▶▶▶ 8.2.1　短视频的运营策略

截至 2022 年 1 月，抖音账号"盒马"共发布了 350 个短视频作品，获得了 78 万粉丝，获赞数近 500 万。其短视频运营策略主要有以下几点。

1．突出商品的短视频内容

与抖音账号"美的生活旗舰店"的短视频类似，抖音账号"盒马"所发布的短视频的主要内容也是美食制作。不过，两个品牌有所不同，"美的生活旗舰店"的短视频在展示美食制作过程时会突出用于烹饪的"美的"小家电，而"盒马"的短视频在展示美食制作过程时突出的是食材——盒马店内销售的食材，如图 8-8 所示。

图 8-8 "盒马"的短视频注重突出食材

2．构建账号矩阵，联动运营

在抖音，盒马不仅有一个短视频账号，还有一个名为"盒马先生"的短视频账号，出镜人员是代表品牌形象的卡通玩偶，如图 8-9 所示。这个账号目前并没有开通直播，只是通过卡通玩偶"盒马先生"来增强盒马品牌的趣味性，提高用户对盒马品牌的好感度。

3. 合集式内容更新

抖音账号"盒马"所发布的短视频，有几个不同的内容主题，比如"10道速成年夜饭""50道懒人菜""盒马有啥""当代年轻人"等。不同的主题意味着不同的内容，而每一个主题下都有一系列短视频，这些短视频由于属于同一个主题而被收集在一个"合集页"，主题为"10道速成年夜饭"所在"合集页"包含的系列内容如图8-10所示，"合集页"有"收藏合集"按钮，方便用户观看和收藏。

图 8-9　抖音账号"盒马先生"卡通玩偶

图 8-10　合集式内容

4. 借助品牌力制造热点话题

盒马有阿里巴巴和淘宝电商的背景，线下实体店铺也经营多年，本身就已经拥有强大的品牌力。品牌力越强大便越容易制造热点话题。例如，"盒马改昵称"话题一度在各个平台引发诸多自媒体账号的讨论，其他抖音账号对此的调侃如图 8-11 所示。而正因为容易制造热点话题，盒马推出新品时，也自然容易获得更多的曝光度，从而吸引用户关注。

图 8-11 "盒马改昵称"被调侃

5. "种草达人"为盒马创作新品测评类短视频

盒马推出新品的速度很快，但抖音账号"盒马"并不会经常发布推荐新品的短视频，而是会借助"种草达人"的推荐来为用户"种草"新商品。很多平台的"种草"内容创作者为了满足目标用户的需求、获得目标用户的信任和关注，也会为盒马推出的新品创作测评短视频。抖音某位"种草达人"创作的盒马新品测评短视频如图 8-12 所示。

图 8-12　抖音某位"种草达人"创作的盒马新品测评短视频

▶▶▶ 8.2.2　直播间的运营特点

盒马在抖音的直播，主要是美食品类的"带货"直播。不过，由于盒马的销售渠道主要在线下，抖音账号"盒马"的直播频率和上架商品品类等相关数据都明显不如其他品牌的直播间。目前，"盒马"直播间的运营有以下几个特点。

1. 直播形式多样

"盒马"的直播间有 3 种不同的形式，第一种形式是绿幕直播[1]，通过虚

---

1 绿幕直播，也称抠像直播、虚拟直播，是指用绿布或者绿色喷漆布置一个绿色背景的直播间，在直播拍摄时，由于数字感光器材对绿色更为敏感，直播画面就可以通过专业软件实时完成抠像，同时，原绿色背景也会被替换为预设好的虚拟背景，如风景图片式背景、视频式背景、生活场景式背景等。

拟的背景画面，让直播间呈现丰富多彩的背景（见图 8-13）；第二种形式是实体店铺内的实时直播（见图 8-14）；第三种形式是美食制作直播（见图 8-15）。

图 8-13 "盒马"的绿幕 直播间　　图 8-14 "盒马"的实体 店铺内的实时直播　　图 8-15 "盒马"的美食 制作直播

其中，在美食制作直播中，主播并不露面，仅仅展示美食烹饪过程，但主播会解说烹饪时使用的是直播间的几号商品，并时不时地将商品展示在镜头前。

2. 直接介绍商品

美食类直播间常常会加入"吃播"环节，以展示食物的色香味来吸引用户购买；而在"盒马"直播间，不管是讲解什么样的食物，主播的讲解方式都是拿起商品直接介绍。采用这种简单的介绍方式，是因为很多用户已经非常熟悉直播间内上架的商品，此时，主播只需要用价格来引导用户购买。

除了"盒马"之外，抖音的"京东超市"直播间、"蒙牛旗舰店"直播间等销售知名品牌食品的直播间，也使用了类似的食品介绍方式。这是因为，知名品牌的食品本身已经拥有稳定的目标用户，更能影响用户在直播间购买行为的，并不是对商品的认知，而是商品的优惠幅度、渠道可靠度、物流速度等。对于这样的商品，运营者只要做好价格设计、客户服务和物流服务，即可促成直播间的转化。

3. 有意无意引导用户到实体店铺购买

在"盒马"的直播间，不管具体是哪一种形式的直播间，上架的商品都不会很多。甚至"盒马"账号关联店铺内上架的商品种类也并不多。

但在"盒马"实体店铺形式的直播间，主播不仅会讲解直播间内上架的商品，还会讲解其他商品。在实体店铺形式的直播间内，主播会展示店内的商品，同时会鼓励用户在评论区说一说自己想要了解的商品。当用户提出想看看店铺内的某款商品时，主播就会走到售卖该商品的货架前给用户展示实物；而当用户提出要在直播间购买实体店铺内的某款商品时，主播会告诉用户：直播间没有上架该商品，因为该商品的物流成本较高，直播间的价格无法做到比实体店铺低，建议用户到周边的盒马店铺购买。

可见，"盒马"的短视频与直播运营目的并不在于提高直播间的销售成绩，而在于商品的"种草"、增强品牌影响力和为实体店铺引流。

8.3 "秋叶大叔"：知识付费领域的短视频与直播运营

"秋叶大叔"是职场类、新媒体类知识付费领域的一个品牌，这个品牌的短视频与直播的定位是分享个人品牌技能知识、新媒体运营技能知识。

▶▶▶ 8.3.1 短视频的运营策略

"秋叶大叔"拥有粉丝黏性强的微信公众号和诸多微信社群，为了更好地利用微信生态，"秋叶大叔"的短视频与直播运营选择在微信生态中的视频号上开展。除此以外，"秋叶大叔"还同时运营着微博账号、抖音账号、快手账号、小红书账号、B站账号等，所发布的内容也各有不同。在此，以视频号为例，介绍"秋叶大叔"的短视频运营策略。

1. 短视频的内容定位

"秋叶大叔"作为一个知识付费品牌，所涉及的知识主题主要包含两个：一是个人品牌技能知识，二是新媒体运营技能知识。基于这两个知识主题，"秋叶大叔"团队开发了相应的课程，设计了相关的线上和线下活动。因此，视频号"秋叶大叔"的内容定位主要涉及 3 个方面：一是个人品牌技能和新媒体运营技能的知识分享类短视频；二是"秋叶大叔"品牌付费课程的宣传类短视频；三是"秋叶大叔"社群的线上直播活动和线下活动的宣传推广类短视频。

2. 基于实用知识分享的内容创作原则

视频号"秋叶大叔"比较注重对实用知识的分享。目前，视频号"秋叶大叔"发布的短视频，不仅包括写作领域、培训领域、个人职业发展、短视频创作、直播运营领域等方面的知识，还包括视频号运营实战经验。"秋叶大叔"会根据自己团队的视频号运营实战经验创作并发布一些视频号运营方法类短视频，比如"秋叶大叔怎样做视频号？全给大家剧透了！"（见图 8-16）。这样的短视频内容可以为视频号上的诸多创作者提供运营方法参考，能吸引更多视频号用户关注，进而促成与视频号关联的"秋叶大叔"公众号、"秋叶大叔"社群用户数量的增长。

图 8-16 "秋叶大叔"发布的视频号运营方法类短视频

3. 借助公众号推广短视频

目前，微信的公众号页面会显示与公众号关联的视频号，如图 8-17 所示。这意味着，当视频号绑定公众号，公众号粉丝在公众号页面查看所关注公众号的信息时，可以一键切换到视频号，观看视频号发布的短视频。

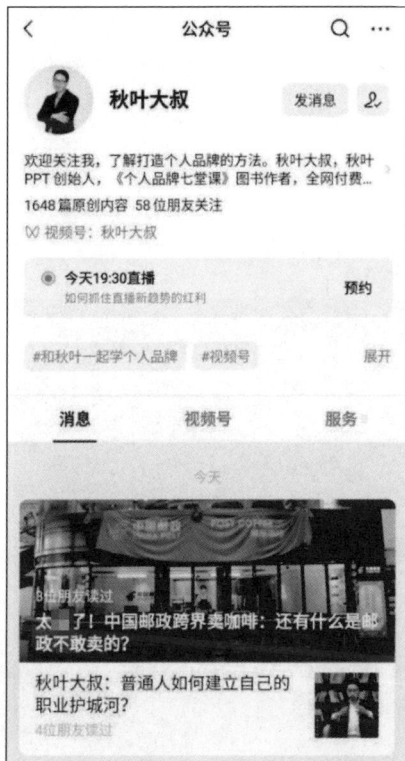

图 8-17　公众号页面

基于公众号页面的这一特点，公众号"秋叶大叔"坚持每天发布文章。这样，粉丝就会在"订阅号消息"页面看到公众号"秋叶大叔"更新文章的提醒，从而进入公众号的主页，再点击关联的视频号，就可以看到更新的短视频。

▶▶▶ 8.3.2　直播间的运营特点

视频号"秋叶大叔"直播间的主要直播内容是分享职场技能领域的知识，目的是增强用户的价值感、信任度和黏性，进而实现图书、课程方面的直播

"带货"目标。视频号"秋叶大叔"的直播间运营有以下几个特点。

1. 定期开展活动直播和每天开展日常直播

视频号"秋叶大叔"会定期开展活动直播，每天开展日常直播。在活动直播中，直播间的主播是秋叶大叔本人和秋叶大叔邀请的不同领域的专家，主要内容是分享独家的干货、行业见解，同时用丰厚的奖品作为粉丝福利，让用户因为在知识上和物质上有所得而愿意长时间停留在直播间内。

而对于日常直播，秋叶大叔本人及其团队内的其他主播会按照计划来分享职场实用知识、经验技巧，比如个人品牌技能方面的"普通人写作变现的3个靠谱模式"，新媒体运营技能方面的"视频号直播的最新打法"等，图8-18所示为视频号"秋叶大叔"的日常直播。

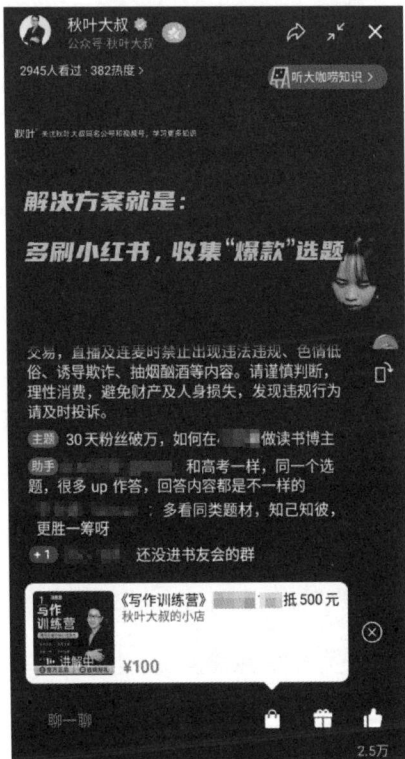

图8-18 视频号"秋叶大叔"的日常直播

2. 直播前的多渠道预热

不管是日常直播还是活动直播，"秋叶大叔"团队会通过多个渠道对直播进行预热。对于比较隆重的活动直播，"秋叶大叔"团队会在公众号"秋叶大叔"发布直播预热推文，在朋友圈和社群进行活动直播倒计时，吸引用户观看直播；而对于日常直播，主播和其他团队成员也会在朋友圈发布直播预告，向用户分享直播时间和直播看点，如图 8-19 所示。

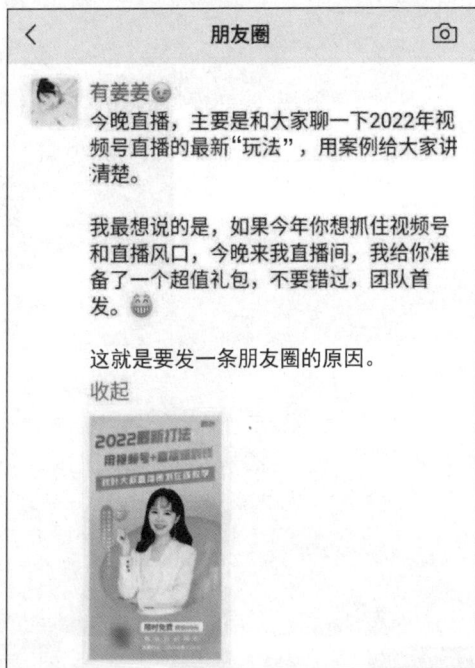

图 8-19　视频号"秋叶大叔"日常直播在朋友圈发布的直播预告

3. 在显示屏上描画重点内容

不管是日常直播还是活动直播，"秋叶大叔"直播间的主播都会使用 PPT 作为讲解工具。在直播间，主播一边借助 PPT 向用户讲解知识点，一边在显示屏上描画重点内容，如图 8-20 所示。这样的讲解方式可以将用户的注意力集中在关键信息上，帮助用户更好地记录和理解关键信息。

4. 善用语言和肢体语言

观看"秋叶大叔"直播的很多用户都是秋叶大叔本人的高黏性粉丝，这些粉丝经常预约观看秋叶大叔本人的直播，并喜欢在直播间参与互动。秋叶大叔本人在做直播时，会用幽默风趣的方式来讲解干货知识，再加上饱满的情绪和丰富的肢体语言，能够快速抓住用户的注意力并激发用户的观看兴趣，让用户在无压力的氛围中观看直播，学到知识。

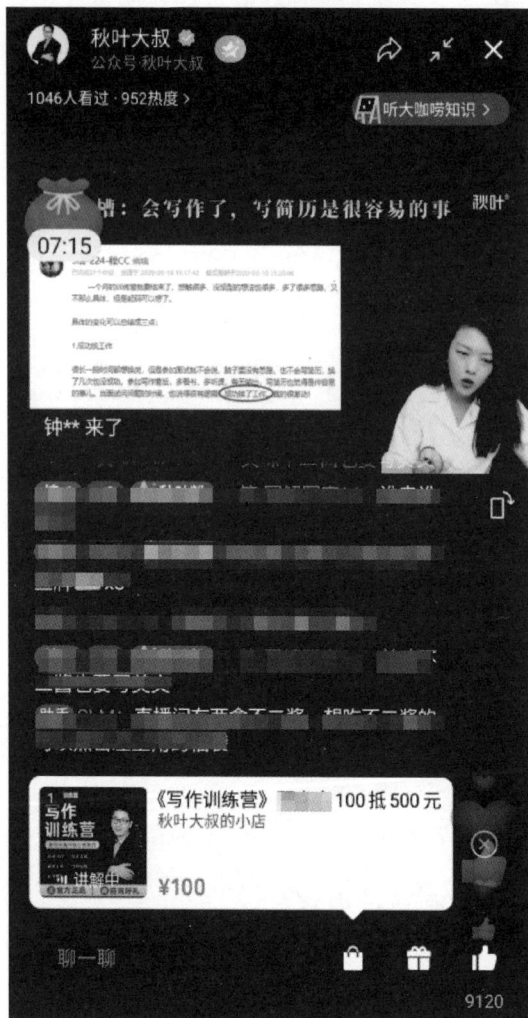

图 8-20　主播在显示屏上描画重点内容

5．善于在直播间借势

"秋叶大叔"的直播间主要有两种借势方法，一是与其他人"连麦"；二是鼓励提问，现场回答。在现场提问与回答环节，只要有用户提问，秋叶大叔就会回答。在回答问题之前，秋叶大叔会先将问题"挂"在屏幕上（见图8-21），让所有用户都看到问题后再回答。这种方法对于想要解决特定问题的用户来说非常有价值，对旁观用户来说也有参考意义。

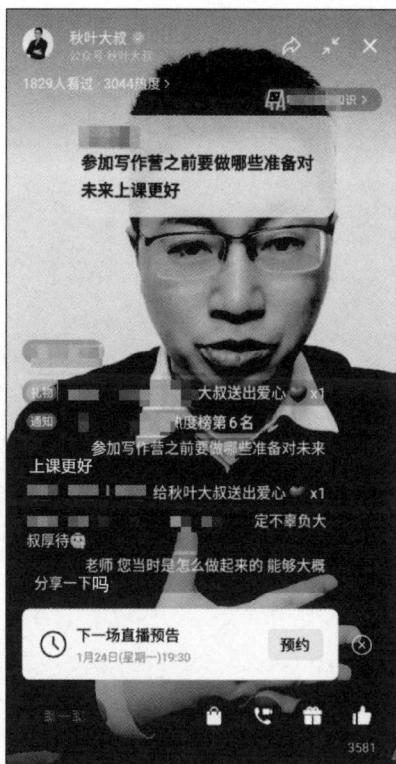

图 8-21 "秋叶大叔"直播间的现场提问与回答

6. 直播接近尾声时进行下一场直播的介绍和预约引导

秋叶大叔本人的直播一般都是主题交流型的，直播接近尾声，秋叶大叔会预告下一场直播的主题。预告下一场直播主题时，秋叶大叔会用通俗的语言讲这个主题的意义，并明确引导用户预约下一场直播。最后，在直播结束时，屏幕上也会显示下一场直播的预约提示，如图 8-22 所示，方便用户进行直播预约。

7. 直播后的二次传播

视频号"秋叶大叔"的日常直播，尤其是秋叶大叔本人作为主播的日常直播，在直播结束后，其团队会剪辑直播的精彩内容进行二次传播，从而进一步扩大直播的影响力；而"秋叶大叔"的活动直播，在直播结束后，其团队会对直播过程进行复盘总结，并写成公众号文章发布在"秋叶大叔"公众号中，在增强活动直播影响力的同时，通过分享详细的实战经验可以获得用户对"秋叶大叔"品牌的价值认同。

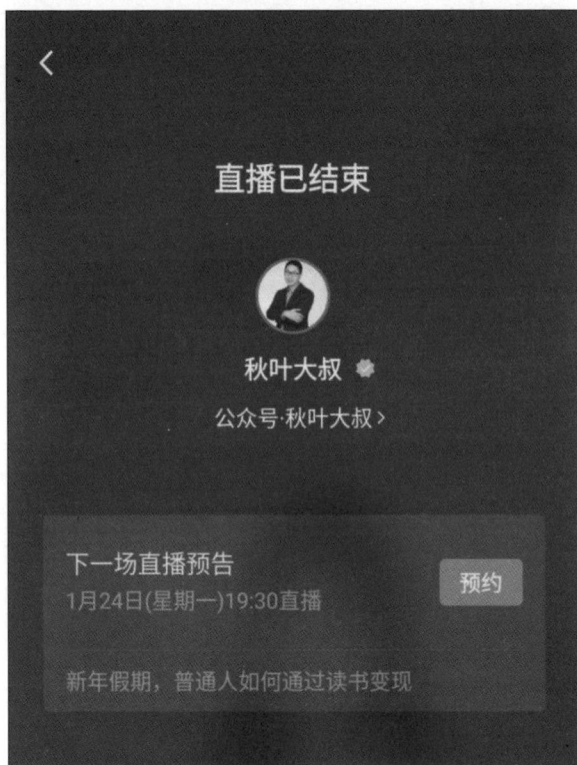

图 8-22　下一场直播的预约提示

思考与练习

1. 如何为家电品牌的短视频策划有趣、有看点的内容？
2. 如何为生鲜行业的短视频策划有趣、有看点的内容？
3. 如何策划知识付费领域的直播内容以增加用户的观看时长？